AUTISMO
O sentido das terapias

COORDENAÇÃO EDITORIAL
Simoni Hoffmann & Yuri Riera Nicolau

Autismo
O sentido das terapias

Literare Books
INTERNATIONAL
BRASIL · EUROPA · USA · JAPÃO

© LITERARE BOOKS INTERNATIONAL LTDA, 2022.
Todos os direitos desta edição são reservados à Literare Books International Ltda.

PRESIDENTE
Mauricio Sita

VICE-PRESIDENTE
Alessandra Ksenhuck

DIRETORA EXECUTIVA
Julyana Rosa

DIRETORA DE PROJETOS
Gleide Santos

RELACIONAMENTO COM O CLIENTE
Claudia Pires

EDITOR
Enrico Giglio de Oliveira

ASSISTENTE EDITORIAL
Luis Gustavo da Silva Barboza

REVISOR
Sergio Ricardo do Nascimento

CAPA
Victor Prado

DESIGNER EDITORIAL
Lucas Yamauchi

IMPRESSÃO
Gráfica Paym

Dados Internacionais de Catalogação na Publicação (CIP)
(eDOC BRASIL, Belo Horizonte/MG)

H711a   Hoffmann, Simoni.
        Autismo: o sentido das terapias / Simoni Hoffmann, Yuri Riera Nicolau. – São Paulo, SP: Literare Books International, 2022.
        144 p. : il. ; 14 x 21 cm

        ISBN 978-65-5922-408-1

        1. Autismo. 2. Saúde. 3. Terapia. I. Nicolau, Yuri Riera. II. Título.
        CDD 618.92

Elaborado por Maurício Amormino Júnior – CRB6/2422

LITERARE BOOKS INTERNATIONAL LTDA.
Rua Antônio Augusto Covello, 472
Vila Mariana — São Paulo, SP. CEP 01550-060
+55 11 2659-0968 | www.literarebooks.com.br
contato@literarebooks.com.br

SUMÁRIO

7   AGRADECIMENTOS
    Simoni Hoffmann e Yuri Riera Nicolau

9   PREFÁCIO
    Yuri Riera Nicolau

11 AUTISMO, O OLHAR DOS TERAPEUTAS
    Simoni Hoffmann e Yuri Riera Nicolau

23 O CÉREBRO NO AUTISMO: SUA ESTRUTURA E FUNCIONALIDADE
    Amanda Luiz Maciel e Felipe Konflanz

31 A IMPORTÂNCIA DA ESCOLA NO PROCESSO DE DIAGNÓSTICO E DESENVOLVIMENTO DAS CRIANÇAS
    Andréia T. Theodoro Velho e Déborah Evangelista

45 AUTISMO E O DIREITO: AUTISTAS À LUZ DO PRINCÍPIO DA IGUALDADE
    Daiana dos Santos Souza Silveira

55 A NEUROPSICOPEDAGOGIA E A NEUROPSICOLOGIA COMO RECURSOS INDISPENSÁVEIS NO PROCESSO DE ENSINO-APRENDIZAGEM
    Daiane Lautert de Mattos e Viviane Prates dos Santos

65 AVALIAÇÃO NEUROPSICOLÓGICA NO TRANSTORNO DO ESPECTRO AUTISTA
    Danielle Bellato Allem e Sílvia Cristina Marceliano Hallberg

73 O MÉTODO PADOVAN DE REORGANIZAÇÃO NEUROFUNCIONAL APLICADO AOS AUTISTAS
    Elisete Souza

87	PRÁTICAS DE INCLUSÃO ESCOLAR À CRIANÇA COM TRANSTORNO DO ESPECTRO AUTISTA (TEA) **Giovana Valentini de Jesus e Letícia Hoffmann**
95	DESAFIOS E POSSIBILIDADES NO TEA: SERVIÇOS E ESTRATÉGIAS PARA A PSICOEDUCAÇÃO FAMILIAR **Ivana Nunes e Antonella Cabrini**
103	ESTILOS PARENTAIS: QUAL É A SUA IMPORTÂNCIA NO PROCESSO DO DESENVOLVIMENTO? **Kevin Simon**
111	A COMUNICAÇÃO PARA ALÉM DA LINGUAGEM FALADA: UMA PERSPECTIVA PELA COMUNICAÇÃO AUMENTATIVA E ALTERNATIVA **Luana Dariva e Patrícia Presser Wiltgen**
119	AUTISMO E A ADAPTAÇÃO FAMILIAR AO DIAGNÓSTICO: AMPLIANDO POSSIBILIDADES **Lucas Silva Ferreira e Patrícia da Rosa**
129	QUALIDADE DE VIDA DOS CUIDADORES DE CRIANÇAS COM TRANSTORNO DO ESPECTRO AUTISTA **Natalie Duran Rocha e Marjorie Duran Rocha**
137	AUTISTAS EM MOVIMENTO **Maria Luísa de Araújo Costa**

AGRADECIMENTOS

Nossa mais profunda gratidão a todos os profissionais incríveis que aceitaram o convite para participar desta obra. Ela não seria possível sem o apoio incondicional de vocês.

PREFÁCIO

Após o sucesso do livro *Autismo: um olhar por inteiro*, a editora nos convidou para coordenar mais uma publicação sobre o tema. Nós nos sentimos honrados e até um pouco eufóricos com todas as possibilidades que imaginamos para a obra, que está, neste exato momento, em suas mãos! Tentamos convidar o máximo de profissionais excepcionais em suas áreas de atuação, sobretudo que admiramos no quesito de humanidade, pois reconhecemos que trabalham também com o coração no dia a dia de seu apaixonado ofício. Compreendemos que o mundo de hoje não precisa simplesmente de mais informação, tecnologia ou inteligência, mas de mais compreensão, empatia e equilíbrio. Muitos dos autores aqui presentes fazem parte de nossa dedicada equipe de terapeutas, especialistas no tratamento do espectro autista nas mais diversas áreas de atuação em nossas atuais duas sedes do Psicocentro+ (a primeira em Tramandaí/RS e a segunda em Capão/RS), marca que criamos como símbolo guia, de inspiração para que todos os terapeutas apaixonantes, que tenham o coração e a cabeça alinhados com suas práticas diárias, pudessem nos encontrar e unir-se a nós e, assim, de mão estendida à mão estendida, de paciente após paciente, de melhora em melhora, oferecer, ao maior número de famílias, a ajuda necessária. Nós nos tornamos um farol de esperança, uma corrente viva de terapeutas que atende todas as classes sociais: das quase totalmente carentes de qualquer forma de subsistência às mais abastecidas com recursos próprios. Nossa meta é que nenhuma família fique desassistida, que todos aqueles que chegam até nós consigam a necessária ajuda, sempre primando pela mais alta qualidade de tratamento. E foi essa postura que, já no segundo ano de trabalho ininterrupto, na disposição incondicional em ajudar todos e cada um, nos tornou referência em todo o litoral norte gaúcho para o tratamento especializado de crianças dentro do espectro autista. Hoje o Psicocentro+ significa ajuda para milhares de famílias todos os dias e não só dentro do espectro autista, mas de atendimento psicológico especializado em múltiplas frentes e para todas as idades. Somos um símbolo, uma marca consagrada da mais alta qualidade em tudo o que fazemos, de valores humanos aliados ao dia a dia de trabalho. Então, é com muita gratidão e consciência do caminho que trilhamos até aqui, da importância em aliar o conhecimento e o coração à prática, que chegamos ao lançamento da primeira edição de *Autismo: o sentido das terapias* (2022) no exato mês de aniversário do Psicocentro+, que está completando seu quinto ano, crescendo todos os dias no trabalho de transformar a sociedade em que vivemos, dia após dia, ao conectar a cabeça e o coração à mão que se estende. Que a leitura desta obra possa tanto inspirar como esclarecer aqueles que buscam por respostas, sabendo que há quem esteja todos os dias, incansavelmente, aprendendo, ensinando e ajudando mais e mais, que você não está só e que tudo o que você viu até agora é apenas o começo... Boa leitura!

Yuri Riera Nicolau

1

AUTISMO, O OLHAR DOS TERAPEUTAS

O presente capítulo oferece um rasante rumo ao sentido das terapias, desde o diagnóstico inicial à importância da estimulação precoce, da descrição dos métodos de tratamento preferidos pelos terapeutas à importância da realização por equipe realmente coesa, que seja mais do que multidisciplinar e mais do que interdisciplinar, mas verdadeiramente transdisciplinar. Passamos os benefícios do tratamento com esse grau de interatividade e sinergia entre terapeutas e pacientes para que seja possível alcançar o pleno desenvolvimento das crianças autistas.

**SIMONI HOFFMANN E
YURI RIERA NICOLAU**

Simoni Hoffmann

Contatos
www.psicocentromaisclinica.com.br
simonihoffmann@hotmail.com

Psicóloga infantil, especialista em Transtornos Globais do Desenvolvimento, Autismo (TEA), Análise do comportamento Aplicada (ABA) e Estimulação Precoce. Musicoterapeuta de grupo de crianças com TEA. Sócia-fundadora da empresa Psicocentro+ (clínica de ponta e referência em tratamento de autismo no litoral norte gaúcho).

Yuri Riera Nicolau

Contatos
www.psicocentromaisclinica.com.br
yurinicolau@gmail.com

Psicólogo positivo, analista do comportamento especialista em ABA, pós-graduado com MBA em Comportamento Organizacional pela UNISINOS e bacharel em Psicologia pela Universidade Federal de São Carlos. Sócio-fundador da empresa Psicocentro+ (clínica de ponta e referência em tratamento de autismo no litoral norte gaúcho).

> *Aprenda todas as teorias, cada técnica, mas quando estiver diante de uma alma humana, seja apenas outra alma humana.*
> CARL GUSTAV JUNG

Receber a notícia de que seu filho tem algum grau de Transtorno do Espectro Autista (TEA) pode ser de grande impacto emocional para a família. Na clínica, por exemplo, é comum os pais chorarem, inicialmente sentindo-se despreparados para lidar com o novo entendimento da situação. Muitas vezes um dos pais entra em processo de negação: "Não! Meu filho não é autista não, foi um erro trazê-lo aqui, ele só é tímido", podendo inclusive, se tornar motivo de cisma entre o casal, em que um aceita o diagnóstico e o outro quer a opinião de mais sabe-se lá quantos especialistas, escondendo o fato de que quer apenas ouvir que o filho não tem nada, que é "normal". E se qualquer pessoa, sem a devida experiência em TEA, disser que o filho deles não tem nada, pronto, essa opinião inconsequente e desavisada ganhará muito mais estima para o pai ou a mãe em negação, enquanto o filho estará deixando de ter a ajuda especializada necessária a seu desenvolvimento adequado.

A situação é delicada e, muitas vezes, é preciso até quebrar o choque inicial dos pais com uma boa dose de humor: "Olha, ninguém trocou seu filho! Graças a Deus é o mesmo ainda, só que agora entendemos melhor as dificuldades que ele anda passando e o que precisa para se desenvolver bem".

Para ajudar os pais nesse momento é muito importante mostrar que, independente da aceitação do diagnóstico, a criança apresenta problemas no desenvolvimento e necessita de intervenções. Nós terapeutas sabemos que após o diagnóstico inicia-se uma corrida contra o tempo, pois há o período das podas neurais e, quando elas acontecem, grupos inteiros de capacidades são selecionadas e passadas adiante para o próximo nível ou completamente perdidas, ou seja, se a criança não for estimulada corretamente por uma equipe de terapeutas especializados antes da próxima poda neural, a estimulação normal que ela receberá dos pais não será o suficiente e ela poderá arcar com dificuldades persistentes durante os próximos estágios de desenvolvimento.

Portanto, assim que o diagnóstico é feito, a família deve receber um suporte indispensável para o esclarecimento de dúvidas, materiais que ajudam a entender o TEA são fundamentais no processo de compreensão do autismo. Indicar os familiares a grupos de apoio, programas de intervenção específica do TEA e outros serviços (AMERICAN ACADEMY OF PEDIATRICS, 2001).

Quanto antes o tratamento para autismo iniciar, maiores serão os seus efeitos, porque mais habilidades serão selecionadas e transmitidas para os estágios seguintes do desenvolvimento da criança, isto é, a passagem pela poda neural. Nesse sentido, o diagnóstico precoce de autismo é de inigualável ajuda, pois quanto antes as intervenções começarem, mais benefícios terapêuticos serão vividos. Sendo possível regular os sintomas e estimular os aprendizados, a criança poderá, inclusive, se destacar na escolinha e prevenir dificuldades e constrangimentos que passaria sem a atenção especializada ministrada a tempo.

Por isso, a recomendação é que o tratamento seja iniciado o mais cedo possível, mesmo que ainda haja dúvida dos pais quanto ao diagnóstico por exemplo, pois a criança ou mesmo o bebê não tem esse tempo todo de espera, o ônus pode ser muito grande quando comparado a intervenções mais tardias. Só para ter uma ideia, podemos citar um consenso na literatura científica sobre o período de 0 a 3 anos, que é decisivo para a estruturação afetiva e das bases cognitivas em todos nós. Noutras palavras, faltas nesse período geram impactos psicológicos profundos em nossa estruturação psíquica, que carregaremos rumo aos próximos estágios de desenvolvimento ao longo da vida.

O objetivo das intervenções terapêuticas em crianças que se desviaram do desenvolvimento saudável é justamente reduzir os sintomas (no caso dos autistas: as estereotipias, a rigidez mental, hipersensibilidades, hiposensibilidades, falta de contato visual etc.) e promover a autonomia da criança perante seu aprendizado e interatividade com o ambiente. Uma vez que todas as crianças alinhadas com um desenvolvimento saudável apresentam maior facilidade de adaptação e de adquirirem novos aprendizados interagindo de diferentes maneiras com os ambientes a que transitam e pertencem.

As janelas de oportunidade (períodos que antecedem as podas neurais naturais do desenvolvimento neurológico) são períodos em que o aprendizado de determinadas habilidades e competências acontecem de maneira mais facilitada (e às vezes exclusiva), quando a exposição a determinados estímulos e experiências são definitivas para o desenvolvimento de determinadas capacidades, à guisa de exemplo, a identificação de todos os fonemas de uma língua até antes dos 6 anos de idade, que determinará as capacidades fonéticas e fluência do futuro falante em qualquer língua. Por isso as terapias devem ser adaptadas às necessidades específicas de cada criança, uma vez que o órgão cerebral é flexível e adaptável, desenvolve muitas habilidades durante toda a vida. Entretanto, na denominada "janela de oportunidades", certas habilidades e capacidades cognitivas específicas se desenvolvem muito melhor e mais facilmente e, apesar de não podermos afirmar categoricamente que jamais irão desenvolvê-las em outros estágios do desenvolvimento, podemos afirmar que certamente necessitarão de muito mais empenho e intervenção para que sejam adquiridas.

É por isso que a intervenção precoce é tão importante, porque as crianças com transtornos de desenvolvimento terão muito mais vantagens e ganhos terapêuticos ao serem estimuladas precocemente. No caso do bebê autista, a dificuldade de integração com o corpo, as fixações de percepção, hipersensibilidades ou hiposensibilidades, que certamente o atrapalhariam em receber estimulação dos pais e do ambiente, podem ser corrigidas a tempo, antes de escalonarem e limitarem o desenvolvimento e possibilidades futuras da criança. A atenção precoce pode definir se uma criança desenvolverá o olhar para a face humana (reconhecendo as emoções), se terá ou não uma estereotipia específica, se terá ou não dificuldade de estar com coleguinhas, se terá crises de agressividade ao mudar de rotina ou ser contrariada, se terá ou não crises sensoriais perante algum estímulo (imperceptível ou normal para as outras crianças) que para ela é gerador muita angústia e assim por diante. É preciso compreender que a criança autista, em qualquer grau, terá que lidar com mais do que uma criança neurotípica, então se já há dificuldades de adaptação na ingressão no sistema de ensino regular mesmo para a criança sem transtornos globais no desenvolvimento, imaginemos como pode ser para a criança autista que não teve o amparo de terapeutas especializados para ajudá-la a prumar para o desenvolvimento saudável.

A criança com TEA necessita de equipe terapêutica multidisciplinar: psicólogo, psicopedagogo, fonoaudiólogo, terapeuta ocupacional e neuropediatra para que avaliem e desenvolvam o plano terapêutico singular (PTS) dela, visando atender suas necessidades específicas. Sendo que o tratamento, quando realizado por equipe técnica especializada, tende a ser coeso, isto é, os profissionais ao conversarem questões técnicas sobre o caso tornam-se uma equipe interdisciplinar e, quando atuam juntos no mesmo espaço, planejando e realizando intervenções conjuntas, tornam-se uma equipe transdisciplinar. A evolução da equipe multidisciplinar é tornar-se interdisciplinar, enquanto a evolução da equipe interdisciplinar é tornar-se transdisciplinar.

A equipe transdisciplinar é sempre a melhor escolha para o autista, pois privilegia a interatividade entre paciente-terapeutas, terapeutas-terapeutas e pacientes-pacientes. Cenário esse que só ocorre dentro da equipe transdisciplinar, aumentando em muito a eficácia de todos os métodos de tratamento, justamente por expor tanto a criança como os terapeutas a mais interatividade e formas de manejo frente às crises, dificuldades da criança, pontos cegos técnicos (de cada terapeuta individualmente, que tende a ser corrigido pela visão técnica das outras especialidades terapêuticas) e métodos de intervenção escolhidos. Assim como no ditado popular "Andorinha sozinha não faz verão", podemos brincar (e ainda dizer uma grande verdade) que no caso dos autistas: "Terapeuta sozinho não faz intervenção".

Sabe-se que uma boa intervenção consegue reduzir comportamentos inadequados e minimizar os prejuízos nas áreas do desenvolvimento, por isso a necessidade da atuação técnica em múltiplas áreas do conhecimento, favorecendo vantagens no processo de neurodesenvolvimento (frente à janela de oportunidade) e com planos terapêuticos modificáveis ao longo do tempo, de acordo com a demanda e progressos já obtidos.

Por fim, vejamos uma reunião de alguns dos métodos mais eficazes de tratamento para autismo reconhecidos na prática pelos terapeutas.

Modelo Denver

O ESDM (Early Start Denver Model/ Modelo Denver para Intervenção Precoce) aposta no caráter desenvolvimentista a fim de estabelecer nos pacientes os domínios de algumas habilidades importantes para sua autonomia. Há pesquisas que sugerem a rapidez do desempenho de uma criança com autismo a partir do Método Denver. O objetivo do Método Denver é se atentar à formação das interações, além das habilidades de engajamento da criança com outras pessoas. Além disso, é possível notar as iniciativas sociais da criança, a espontaneidade e o aumento de oportunidades de aprendizados sociais que a criança experimenta por meio de uma relação de afeto com seus semelhantes.

Método Aba

A análise do comportamento aplicada, ou ABA (Applied Behavior Analysis, na sigla em inglês) é uma abordagem da psicologia que é usada para a compreensão do comportamento e vem sendo amplamente utilizada no atendimento a pessoas com desenvolvimento atípico, como os transtornos invasivos do desenvolvimento (TIDs). ABA vem do behaviorismo e observa, analisa e explica a associação entre o ambiente, o comportamento humano e a aprendizagem. (LEAR, K., 2004).

Método Teacch (*treatment and education of autistic and related communication-handicapped children*)

Em português significa Tratamento e Educação para Autistas e Crianças com *déficits* relacionados com a comunicação. É um programa educacional e clínico com uma prática predominantemente psicopedagógica criada a partir de um projeto de pesquisa que buscou observar profundamente os comportamentos das crianças autistas em diversas situações frente a diferentes estímulos.

Método Pecs

Sistema de Comunicação por Troca de Figuras (do Inglês, Picture Exchange Communication System) desenvolvido por Andrew S. Bondy, Ph.D. e Lori Frost, M.S., CCC / SLP PECS foi elaborado em 1985 como um sistema de intervenção aumentativa/alternativa de comunicação exclusiva para indivíduos com transtorno do espectro do autismo e doenças do desenvolvimento relacionadas. Usado pela primeira vez num programa em Delaware 'Delaware Autistic Program', PECS tem recebido reconhecimento mundial por focar no componente de iniciação de comunicação. PECS não requer materiais complexos ou caros. Foi criado pensando em educadores, famílias e cuidadores, por isso é facilmente utilizado em uma variedade de situações.

Método Floortime

O método floortime tem como meta ajudar a criança autista se tornar mais alerta, ter mais iniciativa, se tornar mais flexível, tolerar frustração, planejar e executar sequências, se comunicar usando o seu corpo, gestos, língua de sinais e verbalização. Se a criança já souber o PECS e a língua de sinais, pode ser usado o floortime, mas se a criança ainda não conhecer nem a linguagem de sinais, nem o PECS, não é ideal utilizar o floortime para começar esses métodos, uma vez que no floortime não é hora de ensinar, mas explorar a espontaneidade, iniciativa da criança e a verbalização.

Método Montessoriano

O método Montessori é o nome que se dá ao conjunto de teorias, práticas e materiais didáticos criado ou idealizado inicialmente por Maria Montessori, médica e pedagoga italiana. De acordo com sua criadora, o ponto mais importante do método é não tanto seu material ou sua prática, mas a possibilidade criada pela utilização dele de se libertar a verdadeira natureza do indivíduo, para que esta possa ser observada, compreendida e para que a educação se desenvolva com base na evolução da criança, e não o contrário.

Método Padovan

O Método Padovan de Reorganização Neurofuncional, desenvolvido por Beatriz Padovan é uma abordagem terapêutica que recapitula as fases do neurodesenvolvimento, usadas como estratégia para habilitar ou reabilitar o Sistema Nervoso. Uma terapia clássica de Reorganização Neurofuncional, recapitula os movimentos neuroevolutivos do sistema de locomoção e verticalização do ser humano, os movimentos neuroevolutivos do sistema oral que levam ao domínio da musculatura da fala, dos movimentos neuroevolutivos do sistema ligado ao uso das mãos e sua riqueza de articulações e dos movimentos neuroevolutivos dos olhos, com sua organização muscular complexa.

Rumo a nossa conclusão, mediante à complexidade e formas de tratar o TEA, fica claro a importância e a necessidade da transdisciplinaridade no tratamento, pois, no autismo, para alcançarmos um olhar por inteiro, é preciso compreender o sentido das terapias.

Referências

AMERICAN ACADEMY OF PEDIATRICS – Committee on Children with Disabilities (2000-2001). The Pediatrician's Role in the Diagnosis and Management of Autistic Spectrum Disorder in Children. *American Academy of Pediatrics*, v. 107, n. 5, pp. 1221-1226. May. 2001.

BARTOSZECK, A. B. Neurociência dos seis primeiros anos: implicações educacionais. EDUCERE. *Revista da Educação*, 9(1):7-32., 2007.

BARTOSZECK, A. B. Neurociência dos seis primeiros anos: implicações educacionais (2007); HENNEMANN, Ana L. Janelas de Oportunidades (2015).

FERREIRA, P. P. T. *A inclusão da estrutura TEACCH na educação básica*. Frutal-MG: Prospectiva. 2016.

HENNEMANN, A. L. *Janelas de oportunidades*. Novo Hamburgo, 19 nov/ 2015. Disponível em: <http://neuropsicopedagogianasaladeaula.blogspot.com.br/2015/11/janelas-de-oportunidades.html>. Acesso em: 07 jul.de 2022.

KLIN A, S. C.; TSATSANIS K.; VOLKMAR F. Clinical evaluation in autism spectrum disorders: psychological assessment within a transdisciplinary framework. In: VOLKMAR, F.; PAUL, R.; KLIN, A.; COHEN, D. (editors). *Handbook of Autism and Pervasive Developmental Disorders*. 3rd ed. New York: Wiley; 2005. Volume 2, Section V, Chapter 29, pp. 272-98.

LEAR, K. *Ajude-nos a aprender. Um programa de treinamento em ABA (Análise do Comportamento Aplicada) em ritmo autoestabelecido*. Toronto, Ontario – Canadá, 2. ed., 2004.

MONTESSORI, M. *Pedagogia Científica*. Barcelona: Casa Editorial Araluce, 1937.

SCHMIDT C.; BOSA C. *A investigação do impacto do autismo na família: revisão crítica da literatura e proposta de um novo modelo. Interação em psicologia,* 2003, 7(2), pp. 111-120.

2

O CÉREBRO NO AUTISMO
SUA ESTRUTURA E FUNCIONALIDADE

O autismo é um transtorno neurológico que atinge cerca de 25 milhões de pessoas no mundo inteiro, entre crianças, adolescentes e adultos, sendo mais presente no sexo masculino. Ele provoca, entre outros sintomas, dificuldade de comunicação e interação social, bem como comportamento restrito e repetitivo. Compreender alguns aspectos cerebrais de sua estrutura ou neurofuncionalidade podem nos levar a caminhos importantes, tanto para melhorias nas terapias como na abordagem e qualidade de vida no dia a dia desses pacientes.

AMANDA LUIZ MACIEL E FELIPE KONFLANZ

Amanda Luiz Maciel

Contatos
amanderas@hotmail.com
Instagram: @amandalmaciel

Enfermeira com especialização em: Saúde Mental (UNESC-SC); Neurociências e Comportamento (PUC-RS). Mestrado e doutorado em Ciências da Saúde (UNESC-SC). Estágio pós-doutoral pela UNESC (Laboratório Psiquiatria Translacional-SC); coordenadora de Saúde Mental do Município de Tramandaí/RS; docente do Curso de Enfermagem – UNICNEC – Osório/RS.

Felipe Konflanz

Contatos
felipe_konflanz@hotmail.com
Instagram: @felipekonflanzpsicologia

Bacharel em Psicologia (UNICNEC). Pós-graduado em Terapia Cognitivo-comportamental, capacitado em Autismo e Bases Neurológicas do Desenvolvimento (FAVENI). Psicólogo clínico no Psicocentro+.

Quando falamos na complexidade do ser humano, não conseguimos estudá-lo por inteiro, de uma só vez. Precisamos separá-lo em sistemas, órgãos, tecidos, células e em moléculas para estudar cada uma dessas estruturas. Cientificamente, procuramos dividir a complexidade para poder entender. Nesse método utilizado, acabamos tendo que dividir de uma forma artificial em laboratório, ou seja, que naturalmente não existiria.

Em situações como essas, podemos não ter contato com o funcionamento convencional de alguma parte estudada, pois ela, junto a outros sistemas do corpo, pode se comportar diferente. Podemos nos enganar achando que o neurônio isolado artificialmente em laboratório age da mesma forma quando está em contato com todo o restante do cérebro.

Entretanto, essa é a via que temos para acessar de forma suficiente esse conhecimento. Precisamos saber disso para compreender que, apesar deste entendimento neurológico, as subjetividades do indivíduo, nesse caso diagnosticado com Transtorno do Espectro Autista (TEA), devem ser levadas em consideração. Portanto, conhecer as partes do cérebro isoladas é importante, mas não o suficiente para explicar esse indivíduo em sua totalidade.

O autismo vem sendo estudado desde 1908 pelo psiquiatra Eugen Bleuler, logo estamos há 115 anos buscando suas causas e, para isso, em muitos momentos olhando para o cérebro. Mas até hoje não se apresentou uma causa neurológica única e sim inúmeros fatores correlacionados. Entendido também que nem todos os indivíduos apresentam todas as alterações. Vai existir uma variação entre cérebro dos indivíduos no espectro autista.

Quando é estudado o cérebro de um paciente no espectro autista em relação à um indivíduo fora do espectro, percebe-se diferença em regiões, sistemas e estruturas. Nos últimos anos, pesquisas têm apontado para algumas estruturas cerebrais que têm sofrido alterações no TEA. As principais delas são citadas na tabela a seguir.

Região	Função
O sistema límbico, amígdala	responsável pelas emoções e socialização.
Os gânglios da base	responsáveis pelo controle motor, cognição, emoção e aprendizado.
O tálamo	área envolvida com a regulação do estado de consciência, alerta, controle das emoções e atenção.
O cerebelo	encarregado do comando do tônus muscular, da manutenção do equilíbrio, movimentos voluntários e de toda aprendizagem que envolve movimentos como andar, correr e pular.
A substância branca	responsável pela função de apoio, sustentação, isolamento elétrico ou nutrição dos neurônios e gânglios.
A região frontotemporal	responsável pela interação social e pela linguagem.

(MACIEL; KONFLANZ, 2021).

Neurotransmissores também chamam a atenção, como a noradrenalina, dopamina e serotonina, que são encarregados pela propagação de informações e aprendizados, porque estariam com seu funcionamento comprometido no TEA, fazendo com que o cérebro não funcione normalmente. Bem como estudos de neuroimagem que identificaram variação segundo o tamanho do cérebro, apresentando-se volumosos em indivíduos no espectro autista.

A ciência hoje facilita a compreensão por meio dos estudos de imagem funcional, pois apresentam a atividade do espelhamento, fenômeno bastante descrito dentro do TEA. Por exemplo, uma pessoa que acena com a mão para dizer "olá" apresenta atividade cerebral na região do córtex motor semelhante a uma pessoa que estiver apenas observando esse aceno. Outros estudos mostraram ainda atividade nos neurônios-espelho quando fazemos ou observamos expressões faciais, como as do tipo caretas.

As variações neurológicas geram as características que associamos ao diagnóstico do TEA. O funcionamento atípico da região motora do cérebro vai levar a comportamentos repetitivos, por exemplo. Evidências científicas comprovam que as variações entre os cérebros dos indivíduos no espectro autista são inúmeras e não são sempre as mesmas. Logo, entendemos a particularidade e subjetividade que cada indivíduo apresenta em suas características do diagnóstico contemplado em todo TEA.

Essa correlação entre parte do cérebro diferente e característica sensorial ou comportamento atípico encontrado nos pacientes no espectro autista são importantes para darmos sentido às terapias, principalmente para as intervenções de estimulação precoce. Por serem ações feitas nos primeiros anos de vida, têm a função de melhorar o desempenho ou causar mudanças neurológicas no cérebro, sendo o período da infância o que mais permite impacto devido à sua maior neuroplasticidade. Podemos entender o cérebro humano como altamente plástico e mutável, mais ainda nos primeiros anos de vida, por isso o termo "neuroplasticidade" é definido na maneira como o cérebro é capaz de se modificar em aspectos até mesmo físicos, de acordo com as situações em que ele convive.

Para os indivíduos no espectro autista, a neuroplasticidade significa a possibilidade de desenvolver e aperfeiçoar as habilidades por meio das situações a que vão sendo submetidos, em amplos sentidos, principalmente sensoriais (audição, paladar, tato, olfato e visão). Nas terapias, especialmente de intervenção precoce, os profissionais proporcionam intervenções ao paciente no espectro autista que potencializam algum aspecto do desenvolvimento do cérebro.

Há bastante tempo, os estudiosos afirmam que a interação interpessoal é crucial para o desenvolvimento saudável do cérebro e das habilidades de processamento sensorial. Portanto, podemos exemplificar e dar sentido prático a esse conhecimento por meio de um método de intervenção precoce chamado Denver. Ele possui como característica a função de proporcionar com uma equipe multidisciplinar, no período da infância, intervenções com foco na relação entre pessoas, imitação de gestos e verbalização, para o tratamento do paciente no espectro autista intervenções com foco na relação entre pessoas, imitação de gestos e verbalização.

Dessa forma, na fase da vida com maior neuroplasticidade, regiões como frontotemporal e amígdala, respectivamente responsáveis pela linguagem e socialização, serão estimuladas. Portanto, proporcionando um desenvolvimento neurológico positivo dentro do contexto TEA.

Referências

AMERICAN PSYCHIATRY ASSOCIATION (APA). *Manual diagnóstico e estatístico de transtornos mentais* – DSM - V. Porto Alegre: Artmed. 2014.

FETIT R.; HILLARY R. F.; PRICE D. J.; LAWRIE S. M. *The neuropathology of autism: A systematic review of post-mortem studies of autism and related disorders.* Neurosci Biobehav Rev. 2021.

GARCIA, P. M.; MOSQUERA, C. F. F. Causas Neurológicas Do Autismo, Paraná, jan/jun. 2011. *O Mosaico.* Disponível em: <http://periodicos.unespar.edu.br/index.php/mosaico/article/viewFile/19/pdf>. Acesso em: 22 ago. de 2019.

LAVOR, M. C.; MUNER, L. C. *Estimulação precoce em crianças com suspeita de transtorno do espectro autista: uma revisão bibliográfica.* São Paulo: FEAPA-SP, 2020.

ROTTA, N. T.; OHLWEILER, L.; RIESGO, R. S. (Org.). *Transtornos da aprendizagem: abordagem neurobiológica e multidisciplinar.* 2. ed. Porto Alegre: Artmed, 2016.

SANTIAGO, M. da S. S.; BARBOSA, R. M.; SOUZA, C. Oliv. *Efeitos da integração sensorial em crianças com transtorno do espectro autista: uma revisão sistemática.* UNIFACS, 2020.

SILVA, A. B. B.; GAIATO, M. B.; REVELES, L. T. Mundo Singular. *Entendendo o autismo.* Rio de Janeiro: Objetiva LTDA, 2012.

SILVA, G. P. de G. *Promoção de neuroplasticidade de crianças autistas através do brincar. Avanços na neurologia e na sua prática clínica.* Paraná: Atena, 2019.

3

A IMPORTÂNCIA DA ESCOLA NO PROCESSO DE DIAGNÓSTICO E DESENVOLVIMENTO DAS CRIANÇAS

Há muito tempo se fala da importância da conexão entre a escola e a família. E muitas vezes encontramos barreiras nesse processo, no qual geralmente as instituições em questão (família e escola) buscavam identificar quais eram as responsabilidades de cada uma. Convidamos você a pensar que nossa busca é por soluções, novas estratégias, ferramentas e ideias para ampliarmos mais e mais o que ambos temos como objetivo principal: o desenvolvimento da criança/aluno/filho em sua plenitude.

ANDRÉIA T. THEODORO VELHO E DÉBORAH EVANGELISTA

Andréia T. Theodoro Velho

Contatos
andreia.velho@educa.tramandai.rs.gov.br
51 99299 6167

Licenciatura em Pedagogia. Especializações em Psicopedagogia Clínica e Institucional, Educação Especial, Supervisão Escolar e Coordenação Pedagógica. Cursos na área de educação especial, TEA, marcos de desenvolvimento e PEP-R e PEP-3 de avaliação para autismo. Cursando especialização em Educação Especial com ênfase em Transtornos Globais de Desenvolvimento e Altas Habilidades. Experiência de mais de 15 anos na área da Educação, além de ter colaborado na implantação SUAS na esfera municipal dentro das políticas públicas. Já atuou como Secretária Municipal de Assistência Social e Diretora de Escola Municipal de Educação Infantil no município de Tramandaí. Professora de Educação Especial em Sala de Recursos Multifuncional no município de Capão da Canoa.

Déborah Evangelista

Contatos
deborah.evangelista@educa.tramandai.rs.g ov.br
Instagram: @dehevangelista
51 98016 4525

Formada no curso técnico do Magistério e Licenciatura Plena em Pedagogia, com experiência em docência há mais de 12 anos em diferentes realidades sociais, tanto na rede privada quanto pública. Já atuou como apoio pedagógico na rede municipal de ensino da educação infantil e, atualmente, atua como diretora de uma Escola Municipal de Educação Infantil no município de Tramandaí. Cursando especialização em Educação Especial com ênfase em Transtornos Globais de Desenvolvimento e Altas Habilidades. Mãe há 8 anos de um menino diagnosticado com autismo leve.

Todos estamos no mundo, e pertencentes a ele, somos também agentes de vivências e transformações. A criança chega primeiro para a sua família e inicia sua jornada de construção de conhecimento, experimentações, com aquele grupo de pessoas. Em muitos casos, inicia sua jornada escolar aos 4 meses de idade, na qual a família ainda não identificou muitos marcos de crescimento/desenvolvimento. O bebê chega à escola com uma imensidão de aquisições que estão por vir. A educação infantil tem um impacto relevante no acompanhamento do desenvolvimento e na aquisição de habilidades dessas novas vidas.

Geralmente é na educação infantil o espaço em que as crianças têm seu primeiro contato com um grupo que não é o familiar. Se pensarmos especificamente com referência à criança com neurodesenvolvimento atípico, este espaço é o primeiro em que poderemos perceber questões diretamente relacionadas ao espectro que envolvam convívio social.

Nesse sentido, de que forma a escola poderia auxiliar e ajudar as famílias a perceberem se o desenvolvimento de seus filhos está evoluindo de acordo com os marcos de desenvolvimento? Logisticamente, as famílias, em sua maioria, têm primeiro contato com a escola quando chegam para fazer a matrícula. E se a escola tivesse como instrumento uma entrevista com diversos aspectos pertinentes ao desenvolvimento da criança? E se a professora tivesse a oportunidade de participar dessa entrevista? E se, com perguntas específicas, pudessem oportunizar a refletir de forma individual sobre cada aluno que entra na escola?

Refletindo acerca dessas indagações, elaboramos uma entrevista para efetivação da matrícula que torne possível orientar e identificar possíveis necessidades educativas dos alunos que chegam à escola. Abordando o Transtorno do Espectro Autista, sabemos da necessidade de terapias e atendimento multidisciplinares, que se iniciados o quanto antes, podem amenizar o *déficit* que o transtorno causa antes dos três anos de idade. O correto diagnóstico precoce de autismo é importante para o planejamento, a previsão e utilização de serviços médicos e educacionais e a escolha de programas de intervenção e aconselhamento. (ALBORES-GALLO et al., 2008).

Historicamente, o transtorno do espectro autista (TEA) em si, na sua construção como deficiência, percorreu um caminho em que diferentes estudiosos utilizaram o termo tanto para descrever sintomas de problemas mentais quanto para nomear síndromes diferentes. Com o passar dos anos, foram sendo construídos instrumentos para auxiliar, entretanto os entraves de diagnóstico permanecem, principalmente quando se trata de crianças com menos de três anos e ao longo dos seis primeiros anos de vida, fase em que a criança inicia sua vida escolar na educação infantil. Atualmente a síndrome do autismo não é, portanto, definida com precisão, e não há um acordo total sobre os testes permitindo medi-la (LEBOYER, 1995).

Ao longo dos anos, o termo "autismo" era utilizado para nomear adultos esquizofrênicos, em seu isolamento social. Com o passar do tempo, alguns psiquiatras especialistas em crianças com comportamentos peculiares e com dificuldades em estabelecer relações sociais normais utilizaram também o termo. Essas variedades de descrições geraram muitas discussões e transformaram o autismo num conceito amplo, chamado hoje de Transtorno do Espectro Autista, que engloba diferentes síndromes e, mesmo dentro dessas síndromes, ocorrem variações de severidade (WING, 1996). As formas mais graves dos transtornos do espectro do autismo são diagnosticadas nos primeiros anos de vida, enquanto que formas moderadas são identificadas apenas a partir da entrada na escola (MANDELL; NOVAK; ZUBRITSKY apud ALBORES-GALLO *et al.*, 2008).

Desejantes de uma educação cada vez mais inclusiva e que compreenda que cada aluno é seu próprio parâmetro de desenvolvimento, construímos uma entrevista com perguntas que visam contemplar múltiplos aspectos: a situação gestacional e saúde física da criança, sua alimentação, sua rotina em casa e seu desenvolvimento cognitivo, com base em sua faixa etária. Tais perguntas, se utilizadas no questionário de matrícula ou entrevista inicial com a professora, fundamentarão o planejamento da mesma, identificando quais profissionais a criança pode precisar para iniciar os processos de investigação e apoio ao desenvolvimento, bem como nortear as práticas pedagógicas a fim de sanar os possíveis *déficits* apontados pela família nos marcos de desenvolvimento da criança.

No grupo de perguntas sobre a gestação e a saúde física da criança, formulamos treze questionamentos, por meio dos quais podemos identificar se houve alguma particularidade durante este período, algum abalo emocional ou físico, bem como com os membros da família. Também conseguimos visualizar se a criança passou por alguma situação incapacitante ou necessidade de auxílio ao seu desenvolvimento.

Gestação e saúde

1. Qual a reação dos senhores quando souberam que teriam um filho? A gestação foi planejada?
_____

2. Fatos importantes que ocorreram durante a gestação:
_____

3. Semanas de gestação ao nascer:
Condições do parto: ( )normal ( )cesariana

4. Apresenta algum problema de saúde?
( )sim ( )não   Qual?_____

5. Faz uso contínuo de alguma medicação?
( )sim ( )não   Qual?_____

6. É alérgico a alguma medicação?
( )sim ( )não   Qual?_____

7. Apresenta alguma restrição quanto à atividade física, alguma limitação?
( )sim ( )não   Qual?_____

8. É portador de alguma doença crônica, como:
( )nenhuma ( ) asma ( )*déficit* de atenção
( )hiperatividade ( )paralisia cerebral ( )outra

9. Apresenta alguma doença ou passou por alguma intervenção cirúrgica ou ambulatorial?
( )sim ( )não   Qual?_____

10. É portador de alguma necessidade especial?
( )sim ( )não   Qual?_____

11. Apresenta alguma dificuldade:
( )fala ( )visão ( )audição ( )motora ( )não apresenta

12. Faz algum acompanhamento especializado com:
( )psicólogo ( )fonoaudiólogo ( )fisioterapeuta
( )psiquiatra ( )outro

13. Apresenta alguma cicatriz, mancha ou marca de nascença?
( )sim ( )não   Qual?

Em sua maioria, as crianças que estão dentro do transtorno do espectro autista, apresentam seletividade alimentar, por serem muito apegadas a rotinas. As rotinas ajudam-nas a transcorrer o dia com mais tranquilidade, pois a previsibilidade auxilia na organização geral permitindo entender a sequência das atividades. Caracterizando a alimentação dentro do espectro autista, elas preferem comer alimentos que tenham sempre o mesmo gosto, apresentação e formato. Resistindo muitas vezes na experimentação de novos alimentos e que necessitam para a ampliação do repertório tátil e gustativo.

Alimentação

1. Período de lactação:
( )aleitamento materno ( )uso de fórmula
Qual?_____

2. Rotina alimentar:
Desjejum:_____
Almoço: _____
Janta: _____

3. Sobre a autonomia ao se alimentar:
( )consegue sozinho ( )necessita de auxílio

4. Possui recomendação médica ou de nutricionista?
( )sim ( )não

5. Apresenta alguma restrição e/ou alergia alimentar?
( )sim ( )não   Qual?_____

6. Apresenta laudo da restrição alimentar?
( )sim ( )não

E como saber qual é a dinâmica de funcionamento em casa? Compreender o que rege essa família, a forma como conduz seu dia a dia, desde hábitos de sono, a quanto tempo ficam expostas a estímulos eletrônicos. Estamos lidando com a geração alpha, uma geração conectada, digital. Isso exige novo olhar em ambas as instituições (escola e família), para as crianças ganharem mais essa via de expressão, criando identidade com personagens, jogos, *youtubers*... Identificar quais canais e informações fazem parte do dia a dia das crianças nos ajuda a orientar - quando necessário - e compreender até mesmo comportamentos que a criança pode estar demonstrando, seja a repetição de algum desses estímulos recebidos pela tela.

Questões sobre como a criança se comporta ao ser contrariada e quais as sanções aplicadas pela família também contemplam esse grupo de perguntas do questionário. Nesse momento da entrevista, quando o posicionamento da família é diferente da orientação por meio do diálogo, aproveitamos para esclarecer que, ao orientar uma criança, seja neurotípica ou neuroatípica, devemos nos expressar de forma positiva, comunicando as orientações de forma a ressaltar as permissões, em vez das proibições. Para exemplificar, em vez de solicitarmos que a criança "pare de gritar", substituímos por "fale baixo"; "não pode correr", por "ande devagar"; "pare de pular", por "acalme-se" e "permaneça parado". A comunicação por meio dos comandos positivos pode transformar a forma como a criança interage e reage às interações sociais.

Sobre a rotina da criança em casa

1. Os pais vivem juntos?
( )sim ( )não

2. A mãe trabalha fora?
( )sim ( )não

3. Com quem a criança vive?
_____

4. Possui irmãos?
( )sim ( )não   Quantos?_____ Idades?_____

5. Que pessoas exercem influência sobre a educação da criança?
_____

6. Com quem a criança fica quando não está na escola?
_____

7. Dorme sozinha?
( )sim ( )não   Se não, com quem?_____

8. Em que horário dorme e acorda?
_____

9. Qual a média de tempo exposta a eletrônicos (televisão, celular, notebook)?
( )dois turnos ( )um turno ( )no máximo 2 horas ( )não acessa

10. A quais programas de televisão gosta de assistir?
___

11. Como a criança reage ao ser contrariada?
___

12. Como a família impõe limites?
___

13. Quais tarefas a criança executa sozinha?
___

14. Descrição do temperamento:
( ) tranquila ( )ansiosa ( )nervosa ( )irritada ( )amorosa ( )outro

15. Atende prontamente às solicitações?
( )sim ( )não ( )às vezes

16. Sabe repartir com os outros?
( )sim ( )não ( )às vezes

17. Aceita regras e combinados?
( )sim ( )não ( )às vezes

18. Quais são as brincadeiras preferidas?
___

19. A criança tem acesso:
( )smartphone ( )notebook ( )Youtube ( )Netflix

20. Quais as temáticas acessadas:
___

E como último grupo de questões, os marcos do desenvolvimento. A partir desses apontamentos, provocamos nos pais o resgate das memórias vivenciadas com a criança, o que os auxilia a compreender um possível diagnóstico ou *déficit* no desenvolvimento de seu filho, ilustrando quais habilidades cognitivas a criança já deveria ter atingido.

3 meses a 1 ano – berçário 1		
Comportamento	Idade esperada	Idade atingida
Sorri para as pessoas	2m	
Vira a cabeça em direção aos sons		
Imita sons e expressões faciais	4m	
Segura objetos		
Firma a cabeça		
Balbucia vogais ah,oh,eh	6m	
Responde ao próprio nome		
Usa os dedos para apontar as coisas	9m	
Senta sem apoio		
Fica em pé apoiado em algo		
Engatinha		

1 a 2 anos – berçário 2		
Comportamento	Idade esperada	Idade atingida
Compreende comandos simples como: sim, não, tchau	1a	
Explora as coisas de diferentes formas, como chacoalhando, batendo ou arremessando		
Segue instruções simples como: "pegue o brinquedo"		
Fala palavras diversas	1a 6m	
Caminha		
Mostra afeto para as pessoas com quem está familiarizado		
Segue comandos simples como: sente-se		
Bebe em copo		
Come com colher		

2 a 3 anos – maternal 1		
Comportamento	Idade esperada	Idade atingida
Fica empolgado quando está com outras crianças	2a	
Aponta para objetos ou imagens quando ouve seus nomes		
Fórmula frases com 2 a 4 palavras		
Segue instruções de dois passos, como "pegue seus sapatos e coloque-os no armário"		
Fica na ponta do pé		
Começa a correr		
Iniciou o desfralde		

3 a 4 anos – maternal 2		
Comportamento	Idade esperada	Idade atingida
Imita adultos e amigos	3a	
Coloca e tira a roupa sozinho		
Fala seu primeiro nome, sua idade		
Brinca de faz de conta		
Abre e fecha tampas ou vira a maçaneta da porta		
Escala bem		
Corre com facilidade		
Escova os dentes com supervisão	3a 6m	

4 a 5 anos – pré A		
Comportamento	Idade esperada	Idade atingida
Prefere brincar com outras crianças que sozinho	4a	
Fala sobre o que gosta e no que está interessado		
Consegue dizer seu nome e sobrenome		
Canta uma música de cabeça como "A Dona Aranha"		
Pula e consegue ficar em cima de um pé só		
Coloca líquidos em um copo, corta com supervisão e amassa seu próprio alimento		

5 a 6 anos – pré B		
Comportamento	Idade esperada	Idade atingida
Diferencia realidade de imaginário	5a	
Fala com clareza		
Diz o nome e o endereço		
Usa o tempo futuro, como "A vovó vai chegar"		
Consegue ir ao banheiro sozinho		
Usa garfo e colher, às vezes faca		

Note que o questionário aplicado à família nos permite compreender a dinâmica de funcionamento da mesma, os recursos aos quais as crianças têm acesso e quais marcos do desenvolvimento a criança em questão já conseguiu atingir. De tal forma que o questionário ganha ampla aplicabilidade em toda e qualquer instituição de ensino que entenda sua importância e funcionalidade no auxílio do percurso de cada aluno.

Quanto mais informações soubermos a respeito da criança, suas possibilidades de acesso, mais amplas serão as ferramentas de estímulos e incentivos aos pequenos a crescer e se desenvolver para uma vida em sociedade com mais autonomia e capacidades desenvolvidas.

Referências

ALBORES-GALLO, L. A.; GUZMÁN, L. H.; PICHARDO, J. A. D. & HERNÁNDEZ, B.C. (2008). Dificuldades na avaliação e diagnóstico do autismo: uma discussão. *Salud Ment*, 31(1), 37-44. Recuperado em 20 de março de 2012.

LEBOYER, M. *Diagnóstico e definição de autismo infantil precoce. In: Autismo infantil: fatos e modelos*. 2. ed. Campinas: Papirus, 1995.

WING, L. Que é autismo? In ELLIS, K. (Org.). *Autismo*. Rio de Janeiro: Revinter, 1996.

4

AUTISMO E O DIREITO
AUTISTAS À LUZ DO PRINCÍPIO DA IGUALDADE

Este capítulo tem como objetivo analisar a proteção jurídica às pessoas autistas à luz do princípio de igualdade material e de dignidade humana, pois acredita-se que ainda não foi alcançada a correta e adequada proteção a esses indivíduos. A inclusão não pode ser imposta sob pena de ter um efeito contrário ao que se pretende. Por isso, necessita-se uma reformulação na ideia de inclusão, partindo não só da escola, mas da educação básica dentro de toda a sociedade.

DAIANA DOS SANTOS SOUZA SILVEIRA

Daiana dos Santos Souza Silveira

Contatos
daianasilveiratdai@hotmail.com
51 99934 7 3572

Bacharel em Direito pela Universidade Luterana do Brasil (ULBRA), Torres/RS (2006); Prática processual penal pelo IDC - Instituto de Desenvolvimento Cultural Porto Alegre (2007); Curso de atualização para advocacia pela Universidade Luterana do Brasil e Escola Superior de Advocacia - Torres (2005). Experiência na área da advocacia desde o ano de 2007, quando, então passou a advogar nas áreas cível, tributária e administrativa.

Este capítulo tem o propósito de realizar uma análise crítica e construtiva com relação a proteção jurídica à pessoa com autismo e para que esse indivíduo possa ser inserido no convívio social de forma plena.

Para tanto, este capítulo tem como metodologia uma pesquisa qualitativa e bibliográfica, tendo como instrumentos para coleta de dados a leitura e análise de livros, artigos, documentos, leis e teses de mestrado e/ou doutorado que versam sobre o assunto.

O referido estudo justifica-se pela necessidade de reconhecer os direitos legais e o que está sendo proporcionado a esses indivíduos desde a promulgação de uma Lei que confere ao mesmo direitos indiscutíveis de igualdade social e material perante a sociedade em que está inserido.

Dessa forma, torna-se necessário e urgente que políticas públicas sejam desenvolvidas na busca de oportunizar aos autistas o que a Lei estabelece, garantindo-lhes dignidade humana, igualdade social e material.

Autismo e o direito: autistas à luz do princípio de igualdade

É consabido que as primeiras iniciativas especializadas na educação de pessoas com deficiências surgiram na Europa, em uma escola que tinha como objetivo fazer com que pessoas mudas falassem.

A educação para deficientes teve início com o médico Jean Marc Itard, que utilizava o método de repetição positiva na vida de cada paciente. Posteriormente, diversas instituições foram criadas com a intenção e destinação de tratamento para pessoas com deficiências, o método educacional mais usado consistia no uso de recursos didáticos como música, artes e cores.

Com a Declaração dos Direitos Humanos, em 1948, ficou assegurado o direito a educação pública e gratuita para toda sociedade, agregando-se a isso o movimento feito nessa época em defesa dos direitos das pessoas com deficiência, os quais pretendiam assegurar oportunidades de direitos educacionais de forma igualitária para todos.

A Declaração de Salamanca é considerada um dos principais documentos mundiais que visam à inclusão social, ao lado da Convenção de Direitos da Criança (1988) e da Declaração sobre Educação para Todos (1990). Ela é o resultado de uma tendência mundial que consolidou a educação inclusiva, e cuja origem tem sido atribuída aos movimentos de direitos humanos e de institucionalização manicomial que surgiram a partir das décadas de 60 e 70.

Em nosso país, a edição da Lei de Diretrizes e Bases, do ano de 1961, externa pela primeira vez o direito à educação enquanto atendimento educacional para pessoas com deficiência. Mais tarde, esse direito é reafirmado com a edição da Constituição de 1988, determinando o atendimento educacional na rede regular de ensino.

Como garantia fundamental, a Constituição Federal assegurou à todo cidadão o direito a saúde, a partir da edição e alteração da Carta Magna de 1988. A edição e inclusão dessa garantia fundamental, simbolizou o marco da redemocratização do regime político no Brasil e da institucionalização dos direitos humanos no país após mais de vinte anos de um sistema ditatorial, sendo a primeira a afirmar que os direitos sociais equivaleriam a direitos fundamentais, entendendo a necessidade de aplicação dessas garantias.

A partir dessa ideia, incluiu-se ao rol dos direitos fundamentais os direitos sociais, reconhecendo portanto o direito à educação, à saúde, à alimentação, ao trabalho, à moradia, ao lazer, à segurança, à previdência social, à proteção à maternidade e à infância, à assistência aos desamparados.

Nessa linha de pensamento, cumpre referir que os direitos sociais estão dispostos no Título II (Dos Direitos e Garantias Fundamentais) e no Título VIII (Da Ordem social) da Carta Política de 1988. Assim sendo, no art. 6º do mencionado diploma são estabelecidos os direitos sociais à educação, à saúde, à alimentação, ao trabalho, à moradia, ao lazer, à segurança, à previdência social, à proteção à maternidade, à infância e à assistência aos desamparados, bem como, do art. 7º ao 11 foram sistematizados os direitos sociais do trabalhador, seja em suas relações isoladas ou coletivas.

Já no Título VIII da Carta Maior, o qual inicia com o art. 193, foram privilegiados os direitos à Seguridade Social (saúde, previdência social e assistência social), bem como os direitos relativos à cultura, à educação, à moradia, ao lazer, ao meio ambiente ecologicamente equilibrado e os direitos sociais da criança e idoso.

De tal modo, os direitos sociais, plenamente assegurados no artigo 6º da Carta Magna de 1988, possuem como objetivo a igualdade material, exigindo prestações positivas pelo Estado, o qual deverá realizar a implementação destas políticas públicas que possam materializar os direitos consagrados, que possa determinar a igualdade entre os povos e a qualidade de direitos humanos.

Em que pese alguns direitos sociais possuírem somente uma dimensão objetiva, a grande maioria destes possui também uma dimensão subjetiva, tendo em vista a qualidade de direitos fundamentais, possibilitando, por conseguinte, a exigência de determinadas prestações materiais por parte do Poder Público. Com a intenção de garantir os direitos sociais e fundamentais, o poder público por meio do executivo e legislativo, editam normas com a finalidade de legislar a favor dos princípios consagradores. Portanto, o Estado enquanto provedor dos direitos sociais tem a função de garantir a educação como direito fundamental, assim reconhecido como Estado Democrático de Direito.

Neste diapasão, deve ser reconhecido que a educação é de extrema importância para que a sociedade se desenvolva e tenha uma formação como também, um cidadão capacitado para viver em sociedade.

No artigo n.º 208 da Constituição Federal, é estabelecida a forma como o Estado deverá cumprir as garantias consagradas, em especial neste artigo a garantia do direito a Educação. No referido artigo, fica determinado que é dever do Estado assegurar o direito ao ensino fundamental, ensino médio, atendimento especializado aos portadores de deficiência (de preferência na rede regular de ensino), atendimento a creche e pré-escola, ofertando ainda ensino noturno, programas suplementares de material didático, transporte, alimentação e assistência à saúde.

É a partir do ordenamento jurídico subsidiário a Constituição Federal que organiza o Estado de forma a viabilizar na prática a garantia dos direitos já referidos anteriormente. Dentre todo o ordenamento do nosso país, como fonte principal das garantias dos direitos aqui elencados, temos em destaque a Lei 8.069/90 que é o Estatuto da Criança e do Adolescente.

No ECA, como chamamos, foi a primeira norma criada após a promulgação da Constituição de 1988, a lei foi editada em 1990, dois anos após a Carta Magna. O ECA traz a afirmação elencadas na Constituição Federal, assim como aprofunda os deveres enquanto Estado, como também traz para o ordenamento jurídico o reconhecimento da criança e do adolescente como cidadão detentor de direitos, necessitando atenção primordial do Estado pela busca de conhecimento e a boa formação de um indivíduo capaz de participar da vida social.

Posteriormente à edição do ECA pelo legislativo brasileiro, foi editada a LDB, a Lei de Diretrizes e Bases, sendo esta última considerada como uma legislação muito importante no âmbito educacional. A Lei 9.394/96 traz alteração de grande importância para a Educação, pois é com a edição dessa norma que se estabelece maior autonomia curricular para as instituições escolares, que passaram a colaborar com novas propostas pedagógicas direcionadas e modificadas com a intenção de proporcionar uma melhor qualidade de ensino à comunidade escolar.

Ainda no mesmo sentido é editado o Plano Nacional de Educação – o PNE, que é um documento com previsão no art. 214 da Constituição Federal com a destinação de articulação e desenvolvimento do ensino. O maior objetivo do PNE é garantir que Estado trace metas e mecanismos capazes de lançar objetivos e estratégias para a implementação de políticas e programas relativos à educação, bem como para a erradicação do analfabetismo.

É partir dessas leis que se tem a primeira ideia enquanto garantias dos direitos consubstanciados na Constituição Federal. Portanto, com o fundamento dessas garantias que e passa a ter a noção de que o Autismo necessita de um olhar em especial, pois está inserido no contexto de educação e saúde.

Da mesma forma é garantido o direito da pessoa diagnosticada com o transtorno do espectro autista, que por meio da edição da Constituição, mais especificamente no art. 5º, que afirma que todos somos iguais perante a lei, sem distinção de qualquer natureza, cabendo ao Estado e aos demais zelar pelos direitos das pessoas com TEA.

Em complemento ao dispositivo constitucional, os direitos dos autistas foram expressamente regulamentados pela Lei 12.764/2012, que, no parágrafo 2º do artigo 1º da norma, determina que os diagnosticados com esse transtorno têm seus direitos assegurados pelo Estatuto da Pessoa com Deficiência, que abrange modalidades diversas de deficiência.

A Lei 12.764/2012 – Estatuto da Pessoa com Deficiência – foi recentemente alterada por meio da Lei nº 13.977/2020 – Lei Romeo Mion – a fim de instituir a Carteira de Identificação da Pessoa com Transtorno do Espectro Autista, conforme dispõe o art. 3º da novel legislação.

A intenção da emissão da carteira, quando da edição da lei de 2020, é materializar as garantias estabelecidas na Constituição e nas demais leis infraconstitucionais. Com a entrada em vigor da Lei 13.977/20, pode o autista portar a referida Carteira de Identificação para tornar efetivo o seu direito à prioridade de atendimento que lhe é assegurado por Lei.

Atualmente, após aproximadamente 20 anos, é vasta e bastante ampla a regulamentação e proteção legal dadas às pessoas com Transtorno do Espectro Autista, contudo a simples previsão legal não é suficiente.

Apesar de o TEA já estar regulamentado nas normas brasileiras, para que esses indivíduos tenham acesso efetivo aos seus direitos fundamentais é necessária a atuação positiva do Estado, já que a simples previsão legal não é suficiente por si só para impedir os atos discriminatórios, daí a necessidade de aplicação das políticas públicas para a implantação das medidas necessárias relativas a essa classe.

É consabido que é dever do Estado criar e fornecer mecanismos eficazes para a formação da criança e do adolescente enquanto indivíduo socializador e, neste sentido, deve ser considerada a condição especial do portador de TEA,

Outro direito fundamental dos autistas, que é corriqueiramente debatido e cobrado do Poder Público, refere-se ao direito à saúde, que deve ser assegurado ao indivíduo com TEA, que necessita de acompanhamento médico para tratar essa condição. Aqui neste tópico cumpre a nós referir que os planos de saúde, assim como o Estado, possuem responsabilidade de disponibilizar o atendimento e o tratamento especializado para o portador de TEA.

Muitos pais não possuem o conhecimento de que os planos de saúde têm o dever de franquear todo o tratamento, assim como todas as terapias necessárias para o acompanhamento, tais como: psicologia, psicoterapia, musicoterapia, psicopedagogia, neuropediatra, fonologia, terapia ocupacional e equoterapia.

São esses os exemplos mais comuns de violação de direitos das pessoas com TEA que implicam na imposição do Poder Judiciário ao seu efetivo cumprimento. Além desses, muitos outros direitos previstos na Lei da Política Nacional do TEA não são praticados.

Considerações finais

Em nosso país, essa conscientização do direito à educação ser dever do Estado é tida de forma tardia, uma vez que elenca como direito social com a promulgação da Constituição de 1988.

Podemos concluir que a edição das leis relativas ao TEA e a regulamentação da proteção das pessoas com Transtorno Espectro Autista é resultado da luta desses indivíduos pelo seu reconhecimento como pessoa igual aos demais em direitos, os quais somente são garantidos com a aplicação de medidas que levem em consideração suas características especiais de pessoa com deficiência.

Não existem dúvidas de que ainda há obstáculos a serem enfrentados diretamente – muitas vezes por meio do acionamento do Poder Judiciário, protocolo de pedidos administrativos junto a municipalidade, efetivação de associações; contudo não se pode deixar de lado o reconhecimento de sua previsão tem implicado em melhorias na vida dos Autistas na busca pela efetiva garantia de seus direitos fundamentais. Na realidade, o ideal está longe do que vivenciamos atualmente para os portadores do Transtorno Espectro Autista, porém já evoluímos bastante em relação há 20 anos atrás. Seguimos, portanto, na busca por melhorias e que as garantias sejam realmente colocadas em prática pelo Estado.

Referências

BRASIL. Constituição da República Federativa do Brasil: promulgada em 5 de outubro de 1988. 4.

BRASIL. *Lei 8.069, de 13 de julho de 1990*. Dispõe sobre o Estatuto da Criança e do Adolescente e dá outras providências. Diário Oficial da União, Brasília, 16 jul. 1990.

BRASIL. *Lei de Diretrizes e Bases da Educação Nacional, LDB.* 9394/1996. São Paulo: Saraiva, 1996.

BRASIL. *Lei nº 12.764, de 27 de dezembro de 2012.* Brasília: Diário Oficial da União.

CANOTILHO, J. J. G. *Direito constitucional e teoria da Constituição.* Edições Almedina. Coimbra: Portugal, 1941.

GAUDERER, C. *Autismo e outros atrasos do desenvolvimento: guia prático para pais e profissionais.* 2. ed. revista e ampliada. Revinter, 1997.

SCHMIDT, C. Autismo, educação e transdisciplinaridade. In: SCHMIDT,C. (org) Autismo, educação e transdisciplinaridade. Campinas: Papirus, 2013.

ZANON, R. B.; BACKES, B.; BOSA, C. A. Identificação dos primeiros sintomas do autismo pelos pais. *Psicologia: teoria e pesquisa.* Jan – Mar, 2014, Vol. 30 n. 1, pp. 25-33. Disponível em: <http://www.scielo.br/pdf/ptp/v30n1/04.pdf>. Acesso em: 14 dez. de 2021.

5

A NEUROPSICOPEDAGOGIA E A NEUROPSICOLOGIA COMO RECURSOS INDISPENSÁVEIS NO PROCESSO DE ENSINO-APRENDIZAGEM

A Neuropsicopedagogia é uma nova ciência transdisciplinar que surgiu a partir da junção da neurociência, da psicologia e da pedagogia com o objetivo de entender as funções cerebrais no processo de ensino – aprendizagem. Este capítulo tem como tema: a Neuropsicopedagogia e a Neuropsicologia como recursos indispensáveis no processo de ensino – aprendizagem, tendo como objetivo compreender como estas podem contribuir no desenvolvimento da aprendizagem e que "ambas" andam a passos lentos, devido à falta de políticas públicas e de maior relação entre educação e saúde.

DAIANE LAUTERT DE MATTOS E VIVIANE PRATES DOS SANTOS

Daiane Lautert de Mattos

Contatos
daiane.lmattos@gmail.com
Instagram: @psi.daiane
51 99618 9221

Graduada em Psicologia. Especialista em Avaliação Psicológica e Psicodiagnóstico. Especializando-se em Psicoterapia Cognitivo-comportamental e em formação continuada em Terapia Cognitivo-comportamental na Infância e Adolescência, Neuropsicologia: aperfeiçoamento da Escala Wechsler de Inteligência para Crianças - WISC - IV e em Terapia Cognitiva. Atua como psicóloga clínica e na área de avaliação psicológica e neuropsicológica na Clínica PSICOCENTRO+.

Viviane Prates dos Santos

Contatos
vivianeprates@terra.com.br
Facebook: VivianePrates
Instagram: @vivianebiba
51 99822 0754

Graduada em Pedagogia, especialista em Autismo, Análise do Comportamento Aplicado, Educação Especial e Inclusiva, Neuropsicopedagogia e Psicopedagogia Clínica e Institucional, Gestão e Tutoria, Libras e Supervisão Escolar. Atua como psicopedagoga na Clínica PSICOCENTRO+, professora-tutora da Universidade La Salle e assistente de docência da Universidade Aberta do Brasil da Coordenação de Aperfeiçoamento de Pessoal de Nível Superior (CAPES). Experiência na área de educação, com ênfase em educação especial e tutoria.

Introdução

A combinação entre a neurociência, a psicologia e a pedagogia vem conquistando seu espaço no país de forma gradativa, originando uma nova ciência transdisciplinar – a Neuropsicopedagogia.

Diversos pesquisadores, entre eles: pedagogos, psicopedagogos, psicólogos, neuropsicólogos, pediatras, psiquiatras, fonoaudiólogos, neurolinguistas, terapeutas ocupacionais, fisioterapeutas e neurocientistas empenharam-se em estudos para melhor entender a forma como o cérebro humano desenvolve os processos cognitivos e emocionais nos indivíduos.

Sabe-se que o processo de aprendizagem está associado ao Sistema Nervoso Central (SNC), porém fatores culturais, sociais, ambientais e genéticos também contribuem para o bom aproveitamento escolar e da aprendizagem, como o autor aponta.

> [...] Fruto da interação neuro-biológica-genética com o ambiente, os processos interativos exigem uma modificabilidade constante do sujeito como um todo. De modo amplo, podemos imaginar que o que é previsto geneticamente é uma condição de futuro desenvolvimento, de uma possibilidade de incremento dentro de um sistema primitivamente estabelecido. É possível afirmar que nenhum sistema é capaz de um desenvolvimento sem que haja trocas com o ambiente onde está inserido. [...] Atualmente é impossível imaginar

> o campo da neurologia como um campo isolado ou alheio às excessivas estimulações a que qualquer um é submetido cotidianamente. [...]
> (FILHO; BRIDI, 2016, p.16)

A Neuropsicopedagogia é uma área de conhecimento voltada para os processos de ensino e aprendizagem, que tem como função avaliar a defasagem escolar dos educandos. Por conseguinte, torna-se fundamental que a escola se adapte às condições na busca de promover qualidade na educação e, para isso, é preciso que mudanças aconteçam para garantir uma prática à igualdade de condições a todos os educandos, ou seja, é preciso transformar a escola reconhecendo a diferença como um valor e um direito a todo e qualquer ser humano.

Nessa mesma perspectiva está o neuropsicólogo, que tem a tarefa de atuar de acordo com uma abordagem teórico-prático adequada, integrar o funcionamento humano e cognitivo e, o ambiente escolar e familiar na busca de intervir para o melhor funcionamento do processo educacional do aluno.

Hoje se percebe que, com o avanço das ciências, as escolas necessitam não só do professor, mas também de especialistas multidisciplinares na busca de promover o progresso integral da criança. Por esse fato, o presente estudo busca responder ao seguinte questionamento: como os profissionais da Neuropsicopedagia e da Neuropsicologia podem ajudar na melhoria dos processos cognitivos no campo da aprendizagem?

Tendo como objetivo geral e como objeto de estudo, esta pesquisa consiste em explorar como a Neuropsicopedagogia aliada à Neuropsicologia podem promover melhor processo de ensino – aprendizagem. Para dar conta desse objetivo geral, elencaram-se os seguintes objetivos específicos: constatar a importância do neuropsicopedagogo e do neuropsicólogo no auxílio do ensino-aprendizagem; apontar a importância desses profissionais nos processos, auxiliando os educandos na superação de suas dificuldades e de suas defasagens cognitivas.

Diante do exposto, percebe-se que o neuropsicopedagogo e o neuropsicólogo são profissionais que atuam de forma a contribuir significativamente no contexto escolar na busca de promover saberes importantes para construção de um processo de ensino – aprendizagem de qualidade e com equidade. Saberes que vão desde os aspectos biológicos, fisiológicos, emocionais, sociais, familiares e escolares, nos quais deverão realizar um trabalho de prevenção e/ou intervenção agindo diretamente na aprendizagem, desenvolvendo metodologias coerentes e capazes de efetivamente contribuirem nesse processo.

As contribuições da neuropsicopedagogia e da psicologia nos processos cognitivos

A Neuropsicopedagogia consiste em uma ciência que se utiliza das neurociência, pedagogia e psicologia, tendo como centro de seu estudo o processo cognitivo, ou melhor, compreender como o cérebro humano aprende. Trata-se de uma nova ciência que é transdisciplinar aplicada à Educação, fundamentada nos conhecimentos de diversas outras ciências, como a psicologia e a pedagogia, tendo como objeto de estudo a relação entre o cérebro e a aprendizagem humana numa reintegração pessoal, social e escolar.

As neurociências não propõem uma nova pedagogia nem prometem solução para as dificuldades da aprendizagem, mas ajudam a fundamentar a prática pedagógica que já se realiza com sucesso e orientam ideias para intervenções, demonstrando que estratégias de ensino que respeitam a forma como o cérebro funciona tendem a ser mais eficientes. (CONSENZA e GUERRA, 2011, p. 28 apud SANTOS; OLIVEIRA; SILVA; 2021, p. 24).

O neuropsicopedagogo tem ampla atuação e deve desempenhá-la em diferentes espaços institucionais e clínicos, como podemos perceber na resolução nos incisos 1º e 2º do artigo 69:

§ 1º A atuação Institucional, na qual tem como espaço de atuação instituições que têm no princípio de suas atividades o trabalho coletivo. São intitulados Neuropsicopedagogos Institucionais e podem receber o enfoque da forma com Educação Especial e/ou Educação Inclusiva. § 2ºA atuação Clínica, na qual tem como espaço de atuação "setting" adequada para atendimento individualizado, focado em planos de intervenção específicos. São intitulados Neuropsicopedagogos Clínicos. (SOCIEDADE BRASILEIRA DE NEUROPSICOPEDAGOGIA, SBNPP, 2014, p. 42 *apud* SANTOS; OLIVEIRA; SILVA; 2021, p. 24).

Dentro do processo de aprendizagem, se faz necessário o uso de testes psicológicos e neuropsicológicos com o intuito de compreender o funcionamento biopsicossocial, bem como rastrear as dificuldades, potencializar habilidades cognitivas e avaliar o desempenho e as capacidades as quais são esperadas para a faixa etária do educando. Quanto a essa atuação, vale ressaltar:

> [...] A importância desses instrumentos reside principalmente na prevenção e detecção precoce de distúrbios do desenvolvimento/aprendizado, indicando de forma minuciosa o ritmo e a qualidade do processo e possibilitando um mapeamento qualitativo e quantitativo das áreas cerebrais e suas interligações (sistema funcional), visando a intervenções terapêuticas precoces e precisas. [...]
> (COSTA et al., 2004, p. S112).

Dessa forma, compreende-se que o neuropsicopedagogo e o neuropsicólogo precisam ter formações específicas, comprometimento com seu trabalho, responsabilidade, respaldo científico em suas ações, desenvolvimento de uma avaliação fidedigna, uma prática coerente e bem fundamentada, saber respeitar as necessidades de cada educando e investigar constantemente metodologias que possam ajudá-lo a suprir tais demandas.

O neuropsicopedogogo é o especialista em compreender os processos cognitivos, as dificuldades e/ou transtornos de aprendizagem. Sua função é compreender o aluno, analisá-lo em suas ações e desenvolver estratégias para intervir diante das necessidades de cada educando, desenvolvendo um trabalho inclusivo frente às dificuldades que este vem enfrentando em seu cotidiano escolar.

Lima (2017) declara que ao longo da Educação Básica os processos cognitivos necessitam ser analisados em todas as suas dimensões e concepções, não só no que diz respeito aos fracassos, destacando apenas alguns indivíduos. Mas, sobretudo, abrir oportunidades a todos os envolvidos e, assim, buscar um ensino de qualidade e coerente, bem como a realização dos projetos de vidas dos educandos.

A Neuropsicopedagogia revela-nos as habilidades do cérebro, quer dos alunos quer dos professores. Nos alunos, quando se comportam de forma socialmente positiva, e quando aprendem a usar os instrumentos cognitivos (linguagem corporal, artística, falada, escrita e quantitativa) da cultura em que estão inseridos. Nos professores, quando transmitem, mediatizam e ensinam competências e conhecimentos, uma vez que está implícita no ato educativo uma interação entre dois sujeitos, isto é, uma intersubjetividade. (FONSECA, 2014, p. 22 apud SANTOS; OLIVEIRA; SILVA; 2021, p. 29).

Assim como a Neuropsicopedagogia, a Neuropsicologia também é um campo transdisciplinar, ou seja, seus saberes e suas práticas estão ancoradas nas áreas da "Psicologia, Neurologia, Psiquiatria (e outras áreas da Medicina), Linguística, Psicolinguística, Neurolinguística, Inteligência Artificial, Fonoaudiologia, Farmacologia, Fisioterapia, Terapia Ocupacional, Educação, Biologia, entre outras". (HAASE et al. 2012, p.3).

Seu principal objetivo está na relação entre as funções neurológicas/psicológicas e o comportamento humano. Ainda de acordo com Haase (2012):

> entre as funções neuropsicológicas estão atenção, percepção, orientação autopsíquica, temporal e espacial, linguagem oral e escrita, memória, aprendizagem, funções motoras, praxias, raciocínio, cálculos e funções executivas.

Portanto, o neuropsicopedagogo e o neuropsicólogo trabalham frente à aprendizagem buscando possibilidades metodológicas para promover o ensino-aprendizagem. A presença desses profissionais é indispensável à prática educativa e, para isso, necessita-se do desenvolvimento de políticas públicas para que esses profissionais sejam reconhecidos e valorizados não só no espaço escolar, mas de forma clínica e institucional na busca de promover um ensino e uma aprendizagem de qualidade.

Considerações finais

Tanto o neuropsicopedagogo como o psicólogo/neuropsicólogo são profissionais que podem contribuir de forma significativa para que o processo de ensino – aprendizagem de todos os educandos seja efetivado.

Enfim, cabe a esses profissionais e/ou especialistas que compreendam como os processos cognitivos se constroem, numa perspectiva institucional e/ou clínica para atender as demandas desses educandos, tenham formação específica, sejam comprometidos em seu trabalho, responsáveis, tenham respaldo científico para suas ações, avaliando-os de forma integrada e dinâmica na busca de intervir com coerência para atender as necessidades encontradas nos alunos.

Referências

CONSENZA, R. M.; GUERRA, L. B. *Neurociências e educação: como o cérebro aprende*. Porto Alegre: Artmed, 2011.

COSTA, D.; AZAMBUJA, L. S.; PORTUGUEZ, M. W.; COSTA, J. C. Avaliação neuropsicológica da criança. *Jornal de Pediatria - Sociedade Brasileira de Pediatria* Vol. 80, Nº 2 pp. S 111-S116, 2004. Disponível em: <https://www.scielo.br/j/jped/a/85ZxLGdktF3bWxMtf6vRwgP/?lang=pt>. Acesso em: 10 out. de 2021.

FILHO, C. A.; BRIDI, F. R. de S. Sobre o aprender e suas relações: interfaces entre neurologia, psicologia e psicopedagogia. In: ROTTA, N. T. *et al* (org). *Neurologia e aprendizagem: uma abordagem multidisciplinar*. Porto Alegre: Artmed, 2016. pp. 15-22.

FONSECA, V. Papel das funções cognitivas, conativas e executivas na aprendizagem: uma abordagem neuropsicopedagógica. *Revista Psicopedagogia*, Portugal, v. 31, n. 96, 2014.

GOMES, V. L. T. A formação do psicólogo e os impasses entre a teoria e a prática. In: GUZZO, R. S. L. (ed.). *Psicologia escolar: LDB e educação hoje*. Campinas: Alínea, 1999. pp. 49-73.

HAASE, V. G.; *et al*. Neuropsicologia como ciência interdisciplinar: consenso da comunidade brasileira de pesquisadores/clínicos em Neuropsicologia. *Revista neuropsicologia Latinoamericana*, Minas Gerais, v. 4, n. 4, pp. 1-8, 2012. Disponível em: <http://pepsic.bvsalud.org/scielo.php?script=sci_arttext&pid=S2075-94792012000400001>. Acesso em: 20 out. de 2021.

LIMA, F. R. Sentidos da intervenção neuropsicopedagógica nas dificuldades de aprendizagem na pré-escola. *Revista multidisciplinar em educação*, v.4, n.7, pp. 78-95, jan/abr, 2017.

SANTOS, D. M.; OLIVEIRA, I. F. de S.; SILVA, T. de O. *A neuropsicopedagogia e a psicologia no âmbito escolar como recurso facilitador da promoção da aprendizagem dos alunos com deficiência.* Salvador, 2021. Disponível em: <http://estudosiat.sec.ba.gov.br/index.php/estudosiat/article/viewFile/266/344> Acesso em: 12 nov. de 2021.

SOCIEDADE BRASILEIRA DE NEUROPSICOPEDAGOGIA. *Código de ética técnico profissional da neuropsicopedagogia.* Disponível em: <https://sbnpp.org.br/wp-content/uploads/2019/05/Codigo-de-etica-atualizado-2016.pdf>. Acesso em: 6 out. de 2021.

6

AVALIAÇÃO NEUROPSICOLÓGICA NO TRANSTORNO DO ESPECTRO AUTISTA

Este capítulo tem por objetivo tratar da importância da avaliação neuropsicológica para pessoas em processo de investigação diagnóstica de Transtorno do Espectro Autista (TEA). O TEA é caracterizado por prejuízos persistentes na comunicação social recíproca e na interação social, além de padrões restritos e repetitivos de comportamento, interesses ou atividades. A avaliação neuropsicológica em casos de TEA fornece uma análise do funcionamento cognitivo, comportamental e emocional. Por isso auxilia na compreensão diagnóstica e no planejamento das indicações terapêuticas.

DANIELLE BELLATO ALLEM E
SÍLVIA CRISTINA MARCELIANO
HALLBERG

Danielle Bellato Allem

Contato
daniellebellato@terra.com.br

Psicóloga clínica com graduação na Universidade Luterana do Brasil (Ulbra-RS). Mestrado em Psicologia pela Pontifícia Universidade Católica do Rio Grande do Sul (PUC-RS). Formação em Avaliação Neuropsicológica no Centro de Estudos de Neurologia Prof. Antonio Branco Lefévre, Divisão de Clínicas Neurológicas do Hospital das Clínicas da Faculdade de Medicina da Universidade de São Paulo (USP). Com formação em Psicoterapia da Infância e Adolescência pelo Centro de Estudos, Atendimento e Pesquisa da Infância e Adolescência (CEAPIA).

Sílvia Cristina Marceliano Hallberg

Contato
hallberg.scm@gmail.com

Psicóloga clínica e pesquisadora com graduação e mestrado em Psicologia pela Pontifícia Universidade Católica do Rio Grande do Sul (PUCRS). Possui Formação em Avaliação Neuropsicológica pela Universidade de São Paulo (USP). É doutoranda em Psicologia pela Universidade Federal do Rio Grande do Sul (UFRGS).

Introdução

A avaliação neuropsicológica é comumente indicada para pessoas com Transtorno do Espectro Autista (TEA). A indicação é ainda mais frequente quando se inicia um processo de investigação diagnóstica. Essa avaliação é uma ferramenta essencial para auxiliar o médico e outros profissionais da área da saúde no diagnóstico do TEA e no planejamento das intervenções terapêuticas mais adequadas para cada indivíduo.

A partir de nossa experiência clínica em avaliação neuropsicológica de crianças, adolescentes e adultos com TEA, observamos que muitos pais e pacientes possuem dúvidas sobre esse processo avaliativo. Assim, este capítulo foi desenvolvido procurando esclarecer alguns desses questionamentos. Vamos resgatar algumas das principais características do TEA e descrever pontos-chave da avaliação neuropsicológica aplicada a esse transtorno do neurodesenvolvimento.

Transtorno do Espectro Autista

O TEA é um transtorno do neurodesenvolvimento cujas características envolvem *déficits* persistentes na comunicação e na interação social em múltiplos contextos, incluindo *déficits* na reciprocidade social, em comportamentos não verbais de comunicação usados para interação social e em habilidades para desenvolver, manter e compreender relacionamentos. Além desses *déficits*, são observados padrões restritos e repetitivos de comportamento, interesses ou atividades. Essas características estão presentes desde o início da infância e limitam ou prejudicam o funcionamento diário. (AMERICAN PSYCHIATRIC ASSOCIATION [APA], 2013).

O TEA é compreendido como uma condição neurobiológica, de início precoce e com causas multifatoriais (BECKER et al., 2017). Suas manifestações possuem ampla variabilidade dependendo da gravidade do nível de desenvolvimento e da idade cronológica; daí o uso do termo "espectro". Pessoas diagnosticadas com TEA apresentam prejuízos em várias funções cognitivas. Também é comum apresentarem alto nível de ansiedade, além de frequentemente possuírem comorbidades que impactam a qualidade de vida. Portanto, é fundamental analisar seu funcionamento cognitivo e emocional e adaptar seu ambiente social e material às suas necessidades. (APA, 2013).

Quanto às terapêuticas para o TEA, elas são variadas e singulares. Devem ser voltadas às necessidades específicas de cada pessoa. A identificação precoce de sinais que podem indicar um quadro de TEA é um passo essencial em direção ao desenvolvimento da clínica para o transtorno. A verificação de sinais e sintomas ainda em bebês, justifica o encaminhamento para a intervenção precoce. Intervenções terapêuticas apresentam resultados mais favoráveis quando implementadas de forma intensa e antes dos 5 anos de idade, o que pode contribuir para um melhor prognóstico no contexto educacional, social e adaptativo. (DUARTE & SILVA, 2018).

O processo de diagnóstico deve ser feito de maneira gradual, envolvendo o comportamento atual do paciente, sua história de vida, habilidades cognitivas, observações clínicas e uma avaliação multidisciplinar, compreendendo profissionais como médicos, psicólogos, fonoaudiólogos, terapeutas ocupacionais e psicopedagogos, entre outros. Ainda não há um exame ou técnica avaliativa que isoladamente ateste o TEA. O diagnóstico é dado pelo médico pela observação clínica e consultas a múltiplas fontes como pais (entrevista de anamnese), professores e em parceria com outros profissionais envolvidos na investigação e terapêuticas.

Nesse sentido, a avaliação neuropsicológica é uma dessas valiosas fontes de informação e apoio ao trabalho diagnóstico. Se uma criança está passando por dificuldades e há suspeita de que uma condição neurobiológica como o TEA está presente, uma avaliação neuropsicológica pode ajudar a confirmar ou descartar essa hipótese.

Avaliação neuropsicológica

Agora que já tratamos das principais características do TEA, vamos abordar o tema da avaliação neuropsicológica aplicada a esse transtorno do neurodesenvolvimento.

A Neuropsicologia é a área da psicologia e das neurociências que estuda as relações entre o sistema nervoso central e o funcionamento cognitivo e comportamental das pessoas. A avaliação neuropsicológica é um tipo de investigação, ancorada nos princípios da neuropsicologia, que auxilia no diagnóstico de quadros neurológicos e de transtornos psiquiátricos; examina as alterações cognitivas e comportamentais; ajuda no planejamento de programas de reabilitação. (MIOTTO, 2015).

Nesse processo são utilizados instrumentos padronizados de aferição de áreas e funções cognitivas, entrevistas, questionários, escalas e medidas comportamentais e observação clínica. O uso desses instrumentos e técnicas, com o raciocínio clínico do profissional da neuropsicologia, possibilita a descrição de possíveis alterações cognitivas, discrimina os domínios e as funções cognitivas preservadas e comprometidas. Ainda aponta para a presença de alterações comportamentais e de humor, bem como seus impactos nas atividades do dia a dia. (MIOTTO, 2015).

Como já mencionado, pessoas diagnosticadas com TEA apresentam prejuízos em vários domínios e funções cognitivas. A avaliação neuropsicológica é capaz de fornecer uma análise profunda do funcionamento cognitivo de pessoas com TEA. Essa análise também é chamada de levantamento do perfil neuropsicológico. (LOWENTHAL, 2021; ZWICK, 2017).

Tanto o médico responsável pelo diagnóstico quanto os demais profissionais que intervirão junto ao indivíduo com TEA, precisam conhecer o perfil neuropsicológico do paciente. As áreas cognitivas essenciais e mais comumente investigadas na avaliação neuropsicológica nesse contexto são: inteligência, atenção, funções executivas, linguagem, cognição social, habilidades visuomotoras e visuoperceptivas, habilidades motoras, além do funcionamento adaptativo. (DUARTE & SILVA, 2018; ZWICK, 2017).

Assim, a avaliação neuropsicológica pode ser pensada como um mapeamento do funcionamento cognitivo, comportamental e emocional do paciente, destacando as áreas de competências e as fragilidades (LOWENTHAL, 2021). Esse mapeamento é planejado e conduzido conforme a especificidade e a demanda de cada paciente. Por essa razão, o número de sessões e de instrumentos necessários e utilizados para a realização desse processo avaliativo varia conforme as demandas particulares de cada caso.

Ao final da avaliação, é fornecido um laudo neuropsicológico, que tem como objetivo descrever o desempenho cognitivo do paciente e relacionar os resultados obtidos com possíveis hipóteses diagnósticas e indicações de intervenções. Além do laudo, é realizada uma entrevista devolutiva com os pais e/ou responsáveis e com o próprio paciente para comunicar os achados clínicos.

Muitas vezes, o neuropsicólogo também compartilha os resultados da avaliação com o médico responsável pelo diagnóstico e/ou demais profissionais envolvidos. Destaca-se que esse momento de trocas e reflexões é de grande importância para o estreitamento diagnóstico e para a elaboração de estratégias e intervenções terapêuticas e educacionais.

Considerações finais

Este capítulo procurou descrever pontos-chave da avaliação neuropsicológica aplicada ao TEA. Entendemos que essa avaliação possibilita a aquisição de informações fundamentais para auxílio diagnóstico e planejamento do tratamento. Essas informações são de cunho cognitivo, comportamental e emocional, focando nas potencialidades e indicando áreas de maior fragilidade.

Ressaltamos que se deve levar em conta a história e queixa clínica do paciente para a realização da avaliação neuropsicológica. As técnicas e instrumentos utilizados devem estar em consonância com a singularidade de cada caso. Salientamos que a observação clínica é uma ferramenta importante nos casos de investigação de TEA. Por último, a integração dos achados da avaliação com os profissionais envolvidos no processo diagnóstico e terapêutico se faz sempre necessária.

Referências

AMERICAN PSYCHIATRIC ASSOCIATION. (2013). *Diagnostic and statistical manual of mental disorders*. 5. ed. Disponível em: <https://doi.org/10.1176/appi.books.9780890425596>. Acesso em: 30 jun. de 2022.

BECKER, N.; KOLTERMANN, G.; SALLES, J. F. Funções neuropsicológicas em crianças e adolescentes com transtorno do espectro autista. In: BOSA, C. A.; TEIXEIRA, M. C. (Orgs.). *Autismo: Avaliação Psicológica e Neuropsicológica*. (pp. 165-178). São Paulo: Hogrefe, 2017.

DUARTE, C. P.; SILVA, N. A. Avaliação e intervenção em pré-escolares com transtorno do espectro autista. In: DIAS, N. M.; SEABRA, A. G. (Orgs.). *Neuropsicologia com pré-escolares: avaliação e intervenção*. (pp. 307-324). Pearson: São Paulo, 2018.

LOWENTHAL, R. *Como lidar com o autismo: guia prático para pacientes, familiares e profissionais da educação e da saúde*. São Paulo: Hogrefe, 2021.

MIOTTO, E. C. Avaliação neuropsicológica e funções cognitivas. In: MIOTTO, E. C.; DE LUCIA, M. C. S.; SCAFF, M. *Neuropsicologia clínica*. (pp. 3-33). Roca: São Paulo, 2015.

ZWICK, G. P. Neuropsychological assessment in autism spectrum disorder and related conditions. *Dialogues in clinical neuroscience*, 19(4), 373–379. Disponível em: <https://doi.org/10.31887/DCNS.2017.19.4/gzwick>. Acesso em: 30 jun. de 2022.

7

O MÉTODO PADOVAN DE REORGANIZAÇÃO NEUROFUNCIONAL APLICADO AOS AUTISTAS

O método Padovan de Reorganização Neurofuncional foi criado e desenvolvido pela fonoaudióloga Beatriz Padovan na década de 1960 e consiste na recapitulação das etapas do desenvolvimento neurológico. A terapia pode ser realizada em ambiente hospitalar, domiciliar e ambulatorial, para pacientes de qualquer idade, desde o neonato até o idoso. É aplicada em distúrbios de fala e linguagem, retardo no desenvolvimento neuropsicomotor, reabilitação neuromotora, síndromes genéticas, entre outros. O ritmo na realização do movimento varia de acordo com a queixa do paciente. Os movimentos são realizados de acordo com a necessidade dos pacientes com a recitação, pelo terapeuta, de poemas curtos, médios e longos, num ritmo sincronizado com a atividade motora. O Método Padovan de Reorganização Neurofuncional trata-se de uma abordagem terapêutica que revive as várias fases do neurodesenvolvimento. Por meio dessa estratégia, podemos reabilitar ou habilitar o sistema nervoso. O Método Padovan ressignifica o processo de aquisição do ANDAR, FALAR e PENSAR numa condição dinâmica, estimulando a maturação do sistema nervoso central. A intenção é que o indivíduo desenvolva suas potencialidades, seu total. Neste trabalho, apresentaremos a Terapia Padovan nos transtornos infantis dando ênfase ao Transtorno do Espectro Autista (TEA).

ELISETE SOUZA

Elisete Souza

Contatos
Elisetesantossouza33@gmail.com
Facebook: Elisete Souza Santos
Instagram: @elisetesantossouza33
51 99142 7431

Graduada em Filosofia, especialista em Autismo, ABA – Análise do Comportamento Aplicado, Neuropsicopedagogia, Psicopedagogia Clínica e Institucional. Pioneira em Métodos Padovan no Rio Grande do Sul. Autora do artigo "A inclusão de alunos com TEA no ensino regular" – União pela Educação – volume III. Sócia-fundadora da Clínica PSICOCENTRO+ (referência em autismo no litoral norte gaúcho – Tramanandaí). Psicopedagoga na Clínica PSICOCENTRO+ em Tramandaí e Capão da Canoa.

Por que o Método Padovan?

Considerando minha carreira até hoje, em meus mais de 30 anos de atuação, graduações, especializações na linha do desenvolvimento humano e progresso alcançado com pacientes, de tudo o que vi em minha jornada de busca contínua por conhecimento (*long-life learning*), entre cursos, programas e formas de tratamento, foi no Método Padovan que encontrei um caminho para apoiar as minhas questões em aberto e construir uma nova história no tratamento e desenvolvimento de crianças com Transtornos Globais do Desenvolvimento (TGD), encontrando um método de tratamento que não apenas respeite o estágio de desenvolvimento real da criança, mas que também ajude seus terapeutas a conduzi-la rumo ao desenvolvimento saudável pleno.

A reorganização neurofuncional foi desenvolvida pela fonoaudióloga Beatriz Padovan, que traz uma ampla terapia com método Padovan, trabalhando dentro de uma globalidade, pois, se vemos um indivíduo como um todo, podemos tratá-lo como um todo. Quando ouvimos qualquer queixa do paciente, sabemos que ele é um todo, por essa razão o método Padovan vem trabalhar dentro de três capacidades dos processos do "andar, falar e o pensar", que só o homem tem.

Para começar, façamos uma recapitulação dos movimentos neuroevolutivos. O bebê nasce e passa por várias etapas neuroevolutivas que vão promover o amadurecimento e a integração de todo o sistema nervoso, além de preparar as estruturas musculoesqueléticas para as próximas posturas e movimentos. Esse sistema permite ao indivíduo alcançar um bom desempenho sensório-motor de fala, de linguagem, psíquico e cognitivo.

No método Padovan são aplicados exercícios com o corpo de forma que sejam reorganizadas as várias fases de aquisição da marcha humana, passo a passo, pelo deslocamento e verticalização do corpo humano. Seguindo a técnica, vem a realização de exercícios de redução das funções reflexo-vegetativas orais (respiração, sucção, mastigação e deglutição). As funções orais são consideradas pré-linguísticas dando base ao processo de comunicação humana e linguagem. É por meio do movimento e sua atividade que podemos observar o desenvolvimento da inteligência do bebê, e é por meio dele que as estruturas do comportamento se elaboram à medida que ele avança em maturidade.

O que o Método Padovan oferece aos autistas?

O que há de melhor no método Padovan é a sua abrangência. A técnica pode ser aplicada em todas as faixas etárias do bebê até a terceira idade, com resultados excelentes. O que queremos dizer com isso é que o sistema nervoso é para nós o ponto de apoio para a leitura dos sintomas, para pensarmos a estratégia de mudança de comportamento e acompanharmos a estratégia do nosso paciente. Compreendemos que "genética não é destino", somos o resultado da interação dos nossos genes e das nossas experiências.

Observando um sistema nervoso (SN) em evolução (uma criança), vemos movimento, comportamento, movimento ajustado ao contexto emocional, espacial e temporal, por isso é preciso dar liberdade à criança, deixá-la livre para que seu desenvolvimento motor possa ser maturado. Entretanto, indo na contramão do desenvolvimento saudável, todos nós já deixamos bebês deitados por horas a fio no berço ou presos no carrinho, em quadradinhos e andadores, pois todas essas são práticas comuns que vemos no dia a dia, mas que na realidade não apenas afetam, como desrespeitam a liberdade motora de nossos filhos. Todas essas práticas restringem e criam obstáculos ao desenvolvimento físico, formando barreiras para a futura liberdade.

É certo que na infância é que temos nossa formação para toda vida. É nesse momento que entramos em contato com o mundo físico. Na infância, o livre brincar faz do chão o palco do desenvolvimento. "Para a construção dos mapas corticais normais a criança tem que entrar em contato com o mundo físico na fase do desenvolvimento biológico durante a sua infância". (BLAKESLEE & BLAKESLEE, 2009, S.104).

Fica evidente que as crianças precisam receber estímulos, afinal tudo entra enquanto participação ativa no mundo livre, no brincar como estímulo de qualidade. Padovan investe para receber certo, a qualidade do que entra será a qualidade do que sai. Assim, ter possibilidades para descontrair conceitos velhos e construir nesse sistema conceitos bons e diferentes.

A eferência é sempre resultado de uma boa aferência. É muito importante aproveitarmos bem o curto tempo das terapias para dar a maior qualidade diferente possível. Não queremos contar com o córtex do paciente, queremos dar novas referências para o córtex sensitivo, para, no futuro, o córtex motor ser mais eficiente, econômico e rápido. Mudar as referências profundas do sistema nervoso (DIANA PADOVAN).

Enfim saltar, dar cambalhota, experimentar coisas e lugares diferentes até entender a melhor estratégia, até o corpo entender o mundo que nos cerca. Com isso, aprendemos e trabalhamos várias áreas do sistema nervoso (SN) como o cálculo que mais tarde servirá para matemática e para amadurecer nossas estruturas do SN e do raciocínio lógico.

Criança precisa de espaço livre, subir, balançar, pendurar, escalar etc. Uma criança que não brinca terá dificuldade de escrever, dentre outros problemas. Várias atividades que as crianças aprendem na infância já começam desde o útero, tais como pedalar, pular, movimento dos membros inferiores e superiores, deglutição, sucção, entre outros movimentos. "Através do movimento de sua atividade é que podemos observar o desenvolvimento da inteligência do bebê, e através dele que as estruturas do comportamento se elaboram à medida que ele avança em maturidade" (GESSELL).

Na realização dos exercícios, seguir sempre e sequência neuro-evolutiva. Reorganizar os exercícios tendo como referência peso e volume atuais. Os movimentos e a postura formam a arquitetura cortical. No método Padovan, "a terapia é guiada pelas mãos do terapeuta, nunca se corrige verbalmente. Nosso objetivo é liberar córtex. Construir um SN mais eficiente, rápido e econômico" (SONIA PADOVAN).

Os pilares da aplicação: simetria (eixo corporal), espaço, ritmo/tempo, linguagem/fundamento do sistema nervoso, escolher um ritmo agradável e apropriado e os exercícios (com versos e músicas). Adaptar o ritmo ao ritmo do paciente.

Quanto tempo é necessário para a maturação de um sistema nervoso humano?

Mielinização do córtex pré-frontal terciário: 20-25 anos

- De 0 a 1 ano: imensa construção de sinapses (a mesma quantidade que se terá com 21 anos).
- De 1 a 3 anos: as sinapses se duplicam ou triplicam. Se ganha mais do que se perde.
- De 3 a 7 anos: começa o processo de maior perda do que ganho.
- A partir de 7 anos: começa o processo de maior perda que ganho.
- De 12 a 14: poda, grande perda de sinapses que não são funcionais.
- De 14 a 21 anos: perda grande e estabilização dos circuitos terciários.

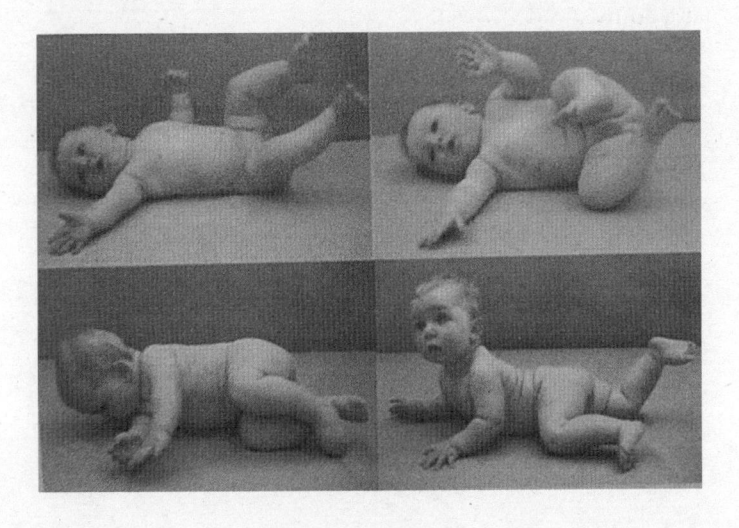

Exercícios corporais

A Reorganização Neurofuncional compreende:

- exercícios corporais (parte deles idealizados por Temple Fay e seus seguidores. Alguns exercícios, a ordem deles e o critério de aplicação foram adaptados por Beatriz Padovan);
- exercícios orais para reeducação das funções reflexos-vegetativas bucais (criados e desenvolvidos por Beatriz Padovan).

A Organização Neurológica é um todo. Qualquer divisão é feita para fins didáticos. A organização do SNC depende de sua maturação e obedece a impulsos do próprio organismo para vencer fase por fase. É pela organização neurológica, ou seja, pela maturação do SNC que o indivíduo adquire todas as suas capacidades, incluindo a locomoção, a linguagem e o pensamento.

Pode-se dizer que a mesma dinâmica interna vai determinar a aquisição de:

- **andar** – Toda a mobilidade e motricidade, a postura ereta;
- **falar** – Todo tipo de comunicação: gestual, mímica, fala articulada, estruturação da linguagem, leitura, escrita, matemática etc. (deve-se incluir a comunicação artística);
- **pensar** – Toda a capacidade cognitiva, aprendizagem, inteligência, criatividade, adaptação ao meio ambiente.

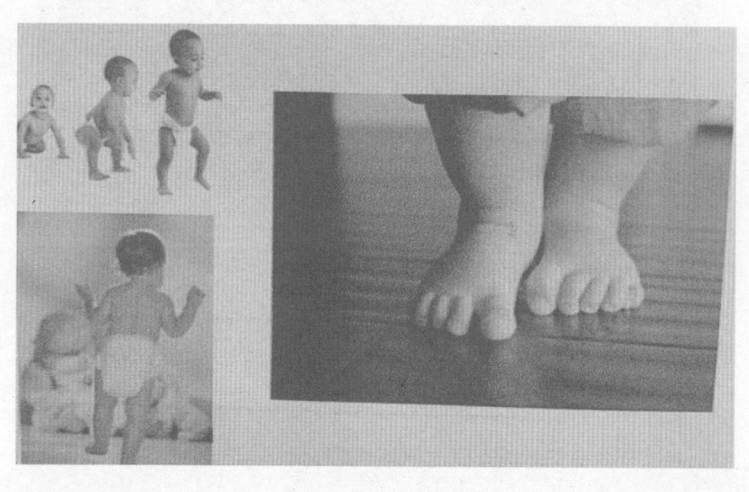

Ordem dos exercícios

Quando o processo normal da organização neurológica apresentar alguma falta ou falha em sua maturação, pode-se "aplicar" ou "conduzir", por meio de exercícios específicos, os movimentos de cada fase. A este procedimento chama-se de **Reorganização Neurológica**, ou desde que todas as funções sejam estimuladas, de **Reorganização Neurofuncional**.

As **padronizações** são movimentos reflexos (que o bebê já deve ter executado no seu desenvolvimento normal) usados com finalidade de levar ao SNC padrões corretos. Por isso, devem ser perfeitos na sua execução. Os exercícios devem ser feitos em todas as sessões e na mesma ordem com que foram apresentados, sempre respeitando as limitações físicas e etárias.

Todos os exercícios são acompanhados por versos, músicas ou cantos recitados pelo terapeuta. Procura-se escolher versos com alteração de fonemas, especialmente com fonemas que o paciente ainda não emite corretamente (e assim a estimulação se dá com modelos corretos). Procura-se ainda escolher versos que contenham boas mensagens, para aumentar o vocabulário e exercitar o pensamento. São importantes para levar o ritmo às pessoas que não o têm e, além disso, os músculos respondem melhor aos movimentos rítmicos. O ritmo (sincronização) é importante nas padronizações e em todos os exercícios tanto corporais como orais. O ritmo é de fundamental importância na aplicação do Método Padovan.

Todas as estruturas do SNC e periférico respondem a parâmetros de organização temporal, em microescala no território de frequências, que é parte da linguagem neural, e a nível macro, todos os tipos de coordenação têmporo-espaciais, em que o fator de sequenciação e temporalização assume papel importantíssimo nos resultados da eficiência e organização dos movimentos.

Dessa forma, recapitularemos uma sequência neuroevolutiva natural no sistema nervoso e utilizaremos como guia um ritmo que também é uma linguagem natural do sistema nervoso (*podem ser feitos de maneira passiva, ativo-assistida ou ativa).

No método Padovan de reorganização neurofuncional, há cinco pontos importantes a serem obedecidos:

- os exercícios devem sempre obedecer à **sequência neuro-evolutiva**, respeitando sua ordem de aquisição, repetindo-se fase por fase, **progressivamente**. A ordem deve-se manter em todas as sessões de terapia;
- nos exercícios, os movimentos padronizados devem ser **simétricos e sincronizados (tempo e espaço)** para tornar possível a organização das estruturas do sistema nervoso, mediante os exercícios que fazem parte do desenvolvimento ontogenético ou desenvolvimento neuropsicomotor. A qualidade geométrica (tempo e espaço) da execução desses movimentos terá resultado proporcional à qualidade da reorganização do sistema nervoso central;
- a terapia deve ser guiada sempre pelas **mãos** do terapeuta, nunca corrigida verbalmente. Nosso objetivo é reorganizar e potencializar as ações de todas as estruturas do SN. Inclusive das estruturas subcorticais e, assim, liberar o córtex, construindo um SN mais eficiente e rápido. O terapeuta deve ser um **escultor dos movimentos**;
- atenção com limites articulares, dores e desconfortos;
- a retirada de calçados, meias, brincos, colares, relógios e demais adereços deve ser lembrada antes do início da terapia. No caso de cabelos longos, prender antes do início e manter preso por toda a terapia.

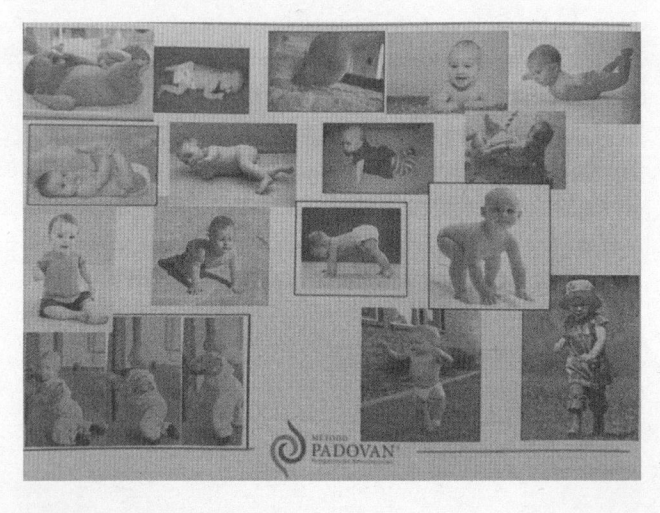

Programa completo	Programa homolateral
Rede inicial	Rede inicial
Motor de perna I	Motor de perna I
Motor de perna II	Motor de perna II
Motor de braço I – homolateral	Motor de braço I – homolateral
Padronização homolateral	Padronização homolateral
Padronização cruzada	–
Rolar	Rolar
Rastejar homolateral	Rastejar homolateral
Rastejar cruzado	–
Engatinhar	Engatinhar (somente transferência de peso)
Macaco	Macaco (somente transferência de peso)
Agacha/levanta	Agacha/levanta
Braquiação	Braquiação (somente supinação)
Marcha cruzada	–
Marcha saltitante	–
Cambalhota	Cambalhota (somente reflexo de proteção)
Rede ginal giratória	Rede final giratória
Exercícios de mãos	Exercícios de mãos (só pronação e supinação)
Exercícios visuais	Exercícios visuais
Exercícios de coordenação	–
Mão – olho (bola)	–
Exercício de pular corda	–

Como vimos, o Método Padovan é complexo, porque aborda a complexidade do desenvolvimento neurológico do início até a maturidade. Então, pelo Método Padovan podemos reabilitar crianças com TEA? Com certeza. O autismo é um transtorno em que a criança sofre um desvio do caminho natural, é como se houvesse um descaminho ou uma rota diferente para a qual ela se dirige e fica presa. Todos nós temos um "sistema genético" a ser cumprido e as crianças com autismo "pulam" fases desse sistema. Por isso, quanto mais cedo começarmos a terapia, melhores serão os resultados. Por exemplo, se começarmos a aplicação do método Padovan com crianças ainda bebês, o resultado será o melhor possível, podendo alcançar um efeito surpreendente, transformar o autismo em algo imperceptível conforme a criança se desenvolve.

Referências

DELACATO, C. H. *O diagnóstico e tratamento dos problemas de fala e leitura*. 7. ed. Rio de Janeiro: Centro de Reabilitação Nossa Senhora, 1963.

DELACATO, C. H. *The treatment and prevention of reading problems*. 8. ed. Illinois: Charles C. Thomas Publisher, 1983.

DOMAN, G. *O que fazer pela criança de cérebro lesado*. 3. ed. Rio de Janeiro: Gráfica Auriverde Ltda, 1983.

KONING, K. *Os três primeiros anos da criança*. São Paulo: Antroposófica, 1985.

LE-WINN, E. B. *Human neurological organization*. Illinois: Charles C. Thomas Publisher, 1969.

MACHADO, A. B. M. *Neuroanatomia funcional*. 2. ed. São Paulo: Atheneu, 2006.

QUIRÓS, J. B.; SCHRAGER, O.L. *Lenguaje, aprendizaje y psicomotricidad*. Buenos Aires: Panamericana, 1979.

RATEY, J. J. *O cérebro – um guia para usuário.* Rio de Janeiro: Objetiva 2002.

ROLAK, L. A. *Segredos em neurologia.* Porto Alegre: Artes Médicas Sul, 1995.

STEINER, R. *Andar, falar, pensar.* São Paulo: Antroposófica, 2007.

VIGOTSKI, L.S.; LURIA, A. R.; LEONTIEV, A. N. *Linguagem, desenvolvimento e aprendizagem.* 16. ed. São Paulo: Ícone, 2016.

WOLF, J. M.; *Temple Fay.* M. D. Illinois: Charles C. Thomas Publisher, 1968.

8

PRÁTICAS DE INCLUSÃO ESCOLAR À CRIANÇA COM TRANSTORNO DO ESPECTRO AUTISTA (TEA)

O Transtorno do Espectro Autista (TEA) é um transtorno do neurodesenvolvimento e suas características são o prejuízo na comunicação social e na interação social, padrões restritos e repetitivos de comportamento, interesses e atividades, necessitando, assim, de apoio em seu processo de aprendizagem. Dentre os acompanhamentos necessários à pessoa com TEA, a inclusão escolar está relacionada com o desenvolvimento pleno dessas pessoas.

GIOVANA VALENTINI DE JESUS E LETÍCIA HOFFMANN

Giovana Valentini de Jesus

Contatos
giovana.valentini@hotmail.com
55 996102283

Graduada em Terapia Ocupacional com méritos pela Universidade Federal de Santa Maria, pós-graduanda em Transtorno do Espectro Autista e formação complementar em Intervenção Precoce, Transtorno Global do Desenvolvimento, Bandagem Funcional e Tecnologia Assistiva como recurso de Inclusão.

Letícia Hoffmann

Contatos
lehoffmann@gmail.com
51 996183945

Psicóloga clínica especialista em Transtornos Globais do Desenvolvimento, Análise do Comportamento Aplicado. Psicopedagogia Clínica, Institucional e Educação Infantil.

O Transtorno do Espectro Autista (TEA) define-se por apresentar um desenvolvimento com prejuízos ou acentuadamente atípicos da interação social, podendo ser relacionado a alterações sensoriais e comportamentais, tendo um repertório restrito de interesses. O Transtorno do Espectro Autista é identificado principalmente por *déficits* na comunicação social e por padrões de comportamentos repetitivos e estereotipados. (AMERICAN PSYCHIATRIC ASSOCIATION, 2013). A apresentação fenotípica do TEA possui uma grande heterogeneidade, assim como nos níveis de severidade dos sintomas. (JESTE, 2014).

Ao descobrirem o diagnóstico de TEA, é comum que as famílias das crianças reajam negativamente, muitas vezes por desconhecerem as características desse transtorno ou por receio da conduta das pessoas que fazem parte do ciclo social desta criança. Segundo Hofmann (2019), ao iniciar o período escolar, frequentemente existe uma maior preocupação dos responsáveis no que se refere à adaptação e alcance de uma aprendizagem satisfatória, estando inserida com outros pares que não possuam as mesmas condições.

A escola é o espaço de socialização que tem como responsabilidade, assim como a família, educar. Este lugar favorece a transitoriedade entre as diferenças sociais e individuais, assim como as necessidades dos grupos pertencentes, e visa oferecer ao indivíduo ações de interação social.

Quando se apresenta a inclusão de pessoas com deficiências especiais, as características de sua individualidade devem ser preservadas e respeitadas, percebendo as necessidades especiais de cada aluno, também dando suporte e orientação aos pais. No Brasil, a Lei Berenice Piana (12.764 de 27/12/2012) determinou que a pessoa com TEA é considerada pessoa com deficiência para todos os efeitos legais, determinando seu direito às terapias, diagnóstico precoce, tratamento e medicamentos pelo Sistema Único de Saúde (SUS), acesso ao trabalho e serviços inclusivos, bem como à proteção social e educação.

A inclusão escolar consiste também na ideia de todo o sujeito ter acesso, de maneira igualitária, ao sistema de ensino. De acordo com Mantoan (2003), o tema da inclusão corresponde em não deixar nenhum aluno de fora do ensino regular, desde que esteja com idade escolar, propõe modo de organização do sistema educacional e considera as necessidades de todos, e que seja estruturado diante das necessidades.

O indivíduo com TEA nasce com suas características, e desde a primeira infância deve ser visto com respeito e adequação às suas particularidades, seja no contexto familiar, social ou escolar. A Educação Inclusiva precisa estar focada na aprendizagem dos alunos e não na deficiência em si ou outra condição que estigmatiza o aluno. Essa abordagem exige que a escola possua uma postura fundada no respeito pelas diferenças sociais, visando turmas em que as crianças com necessidades especiais sejam inseridas (SILVA, et al apud AINSCOW, 2001).

A criança com autismo encontra dificuldades ao ingressar na escola regular, que passam a fazer parte da rotina dos professores e da escola como um todo. Uma forma de melhorar a adaptação e, em consequência, obter a diminuição dessa circunstância, que acompanha a criança, e proporcionar sua aprendizagem é adaptar o currículo.

Valle e Maia (2010) definem a adaptação curricular como "o conjunto de modificações que se realizam nos objetivos, conteúdos, critérios e procedimentos de avaliação, atividades e metodologia para atender as diferenças individuais dos alunos".

Essas adaptações curriculares ajudam na flexibilização e viabilizam o acesso às diretrizes estabelecidas pelo currículo regular, não possuindo a intenção de desenvolver novas propostas curriculares, mas sim trazer um ensino dinâmico, alterável, capaz de ampliação, para que alcance a todos. Sendo facilmente desenvolvido quando o professor está disponível, para serem programadas as ações de ensino e o plano que o aluno deve aprender. (VALLE; MAIA, 2010).

A adaptação curricular é uma maneira dos pais estreitarem vínculos com os professores, assim a escola se torna um espaço mais acolhedor, ocorrendo a coesão de vontades das competências definidas para o desenvolvimento educacional da pessoa autista. Esse processo acontece a partir do manejo curricular, que encontra dificuldades provocadas com a vinda dessa criança ao ambiente escolar.

Considerando o contexto escolar, o Plano Nacional de Educação (PNE) cita em sua meta 4 as ideias para uma educação inclusiva:

> Manter e ampliar programas suplementares que promovam a acessibilidade nas instituições públicas, para garantir acesso à permanência dos(as) alunos(as) com deficiência por meio da adequação arquitetônica, da oferta de transporte acessível e da disponibilização de material didático próprio e de recursos de tecnologia assistiva, assegurando ainda, no contexto escolar, em todas as etapas, níveis e modalidades de ensino, a identificação dos alunos(as) com altas habilidades e/ou superdotação.

Segundo Moreira e Souza (2019), o fato de o aluno autista apresentar interesses muitas vezes delimitados e restritivos indica e orienta a constituição de um plano de ensino individualizado, que possa despertar entusiasmo pelo novo a partir da própria identificação, cabendo ao professor usar recursos e criatividade para essa construção. O Atendimento Educacional Especializado (AEE) tem a função de preparar as aulas de acordo com a necessidade específica de cada criança, contribuindo para que dificuldades sejam suprimidas e, assim, o aluno possa participar com maior qualidade no ambiente escolar, sentindo-se efetivamente incluso e pertencente ao meio.

Nesse contexto, foi elaborado pelo governo políticas e diretrizes que favoreceram e possibilitaram o acesso aos espaços e aos recursos pedagógicos referentes à inclusão escolar, também viabilizando formas de apoiar os profissionais na prática e no manejo, assim como no processo de preparação em relação ao olhar às diferenças, de maneira a compreender as singularidades e necessidades das crianças. Essas políticas motivaram a capacitação de professores para o atendimento apto dos alunos com deficiência, criando também espaços que incentivam a presença familiar no meio escolar. (BRASIL, 2008; BRASIL, 2013).

Sabemos que as diferenças fazem parte da sociedade e a sua relevância é primordial para a educação, com base a inserir todas as crianças nos meios sociais. A inclusão tem como objetivo transformar contextos de pessoas com deficiência, proporcionando possibilidades. Para que as propostas educacionais sejam satisfatórias, é fundamental o entendimento do contexto de cada indivíduo e que haja um trabalho paralelo entre familiares e educandos, sabendo que as intervenções afetam a todos.

As práticas educacionais executadas de forma coerente por professores capacitados podem favorecer o desenvolvimento da criança com TEA. Para isso, é necessário haver a consciência e a flexibilidade de que ela aprende em seu tempo, e que todos, independente de suas limitações, têm capacidades para obter desenvolvimento no processo de aprendizagem. De modo que primeiramente a criança precisa ser observada e, posteriormente, a intervenção por meio das práticas educacionais adaptadas.

Referências

AMERICAN PSYCHIATRIC ASSOCIATION. *Diagnostic and statistical manual of mental disorders* (DSM-5®). Arlington, VA: American Psychiatric Publishing, 2013.

BRASIL, Ministério da Educação. Decreto Legislativo n. 186 de Junho de 2008. *Diretrizes Operacionais da Educação Especial para o Atendimento Educacional Especializado na Educação Básica.* Disponível em: <http://portal.mec.gov.br/index.php?option=com_docman&view=download&alias=428-%20diretrizes-publicacao&Itemid=30192>. Acesso em: 9 dez. de2021.

BRASIL, Ministério da Educação. *Diretrizes Curriculares Nacionais Gerais da Educação Básica.* Brasília, 2013. Disponível em: <http://portal.mec.gov.br/index.php?option=com_docman&view=download&alias=13448-diretrizes-curiculares-nacionais-2013-pdf&Itemid=30192>. Acesso em: 10 dez. de 2021.

DUTRA, A. S. *et al.* Práticas inclusivas no ensino regular. *Revista Científica do Centro de Ensino Superior Almeida Rodrigues,* ano I, ed. I, jan. de 2013.

HOFMANN, R. R. *et al.* Experiência dos familiares no convívio de crianças com Transtorno do Espectro Autista (TEA). *Enferm. Foco,* pp. 64-69, 2019.

JESTE, S.S.; GESCHWIND, D.H. Disentangling the heterogeneity of autism spectrum disorder through genetic findings. *Nature Reviews Neurology,* v. 10, n. 2, pp. 74-81, 2014. doi: 10.1038/nrneurol.2013.278.

MANTOAN, M. T. E. *Inclusão escolar: O quê? Por quê? Como fazer?* São Paulo: Moderna, 2003.

MOREIRA, J. E.; AUGUSTO DE SOUZA, R. (2019). A importância do atendimento educacional especializado para os autistas. *Revista Mythos,* 11(1), pp. 16-25. Disponível em: <https://doi.org/10.36674/mythos.v11i1.251>. Acesso em: 06 jul. de 2022.

PAULA, C. S.; RIBEIRO, S. H. B.; TEIXEIRA, M. C. T. V. Epidemiologia e Transtornos Globais do Desenvolvimento, In: ARAÚJO, J.S.S.C. (Ed.) *Transtornos do Espectro do Autismo.* São Paulo: Memnon Edições Científicas, 2011, pp. 151-158.

VALLE, T. G. M.; MAIA, A. C. B. *Aprendizagem e comportamento humano*. São Paulo: Cultura Acadêmica, 2010.

WINGATE, M.,; KIRBY, R. S.; PETTYGROVE, S.; CUNNIFF, C.; SCHULZ, E.; GHOSH, T.; YEARGIN ALLSOPP, M. (2014). Prevalence of autism spectrum disorder among children aged 8 years autism and developmental disabilities monitoring network, 11 sites, United States, 2010. MMWR Surveillance Summaries, 63(2), 1-21.

9

DESAFIOS E POSSIBILIDADES NO TEA
SERVIÇOS E ESTRATÉGIAS PARA A PSICOEDUCAÇÃO FAMILIAR

Pais e mães idealizam seus bebês e esperam que eles sejam saudáveis e capazes de realizar sonhos e feitos. Porém, quando se deparam com o nascimento de um bebê que se apresenta de maneira diferente da esperada, como uma criança com transtorno do desenvolvimento, enfrentam um difícil processo de luto em que precisam ressignificar e reestruturar o núcleo familiar e suas crenças, transformando suas dificuldades em possibilidades capazes de beneficiar o desenvolvimento da criança e da família. Considerando esses desafios, neste capítulo você encontrará estratégias e intervenções para pais e familiares de crianças com TEA.

**IVANA NUNES E
ANTONELLA CABRINI**

Ivana Nunes

Contato
ivananunespsicologia@outlook.com

Psicóloga graduada pelo Centro Universitário Cenecista de Osório – UNICNEC (2018). Especialista em Filosofia e Autoconhecimento pela PUC-RS (2020). Especialista em Neuropsicologia pela FAMART (2021). Atualmente realiza formação em Terapia do Esquema pela Wainer Psicologia. Psicóloga clínica e gestora do Centro Integrado de Saúde Cuidar em Osório/RS.

Antonella Cabrini

Contato
atcabrini@gmail.com

Psicóloga graduada pelo Centro Universitário Cenecista de Osório - UNICNEC (2018). Especialista em Saúde Mental pela Residência Integrada Multiprofissional em Saúde do Hospital de Clínicas de Porto Alegre e em Psicologia da Saúde pelo CFP (2022). Atualmente é especializanda em Saúde da Família e Comunidade pela Residência Multiprofissional em Saúde do Grupo Hospitalar Conceição. Possui experiência de atuação em psicologia hospitalar, internação psiquiátrica, centro de atenção psicossocial adulto e infantojuvenil e na atenção básica.

Segundo a Sociedade Brasileira de Pediatria (2019), entre os sinais de alerta mais importantes durante a primeira infância, destacam-se: as capacidades no controle e desenvolvimento motor, sensibilidade empobrecida a recompensas sociais, afeto negativo e dificuldades no controle da atenção. No primeiro ano de vida, a perda de habilidades já adquiridas, hipersensibilidade a estímulos sensoriais e pouca reciprocidade social também são sinais sugestivos do Transtorno do Espectro Autista, que devem ser avaliados por profissionais capacitados. A identificação de sinais ainda nos primeiros anos de vida é fundamental para a busca de avaliação e acompanhamento especializado, o que pode culminar no diagnóstico precoce.

O Transtorno do Espectro Autista (TEA) é um transtorno do neurodesenvolvimento, caracterizado por dificuldades de comunicação, interação social e comportamentos repetitivos. Essa tríade de sintomas configura o núcleo do transtorno, mas a sua variabilidade depende de sua gravidade. O TEA não possui cura, porém sua identificação e tratamento precoce são capazes de atenuar os sintomas e beneficiar o prognóstico (SOCIEDADE BRASILEIRA DE PEDIATRIA, 2019).

A família é constituída por um conjunto de pessoas e suas conexões, formando uma unidade social complexa (BORBA *et al.*, 2011). Sendo influenciada pela cultura, desejos, crenças, ensinamentos e pelas fases do desenvolvimento humano de cada sujeito inserido nesse contexto. Essas fases geram mudanças e, com elas, surgem conflitos, necessidade de reorganização e lutos, que constituem e afetam essa família. (CARTER & MCGOLDRICK, 2001).

Uma das mudanças é o nascimento de um filho, o que gera crises e necessidade de estabelecimento e reorganização de papéis que atendam as demandas da criança que está a caminho. Crises que se acentuam significativamente com a chegada de uma criança com TEA, diferente da construção até então imaginada do filho "ideal", alterando os planos familiares, causando ansiedade e estresse emocional intenso. (MACHADO, LONDERO & PEREIRA, 2018).

Apesar das dificuldades vivenciadas por muitas famílias após o diagnóstico, é fundamental que elas se mantenham engajadas no tratamento da criança. Para isso, a psicoeducação se mostra como um instrumento importante para o suporte educativo e emocional dos cuidadores. (LEMES & NETO, 2017).

A psicoeducação é uma técnica utilizada para dar informações para o paciente e sua família, de forma que tenham clareza sobre sintomas, tratamento e diagnósticos, contribuindo para o processo de mudança e adesão ao acompanhamento. Em relação ao TEA, é um processo ativo e colaborativo entre equipe e família, que busca a reflexão e tomada de escolha de forma consciente, possibilitando também a flexibilização de convicções e o fortalecimento do vínculo entre profissionais e familiares. (FRIEDBERG, MCCLURE & GARCIA, 2011).

Nesse sentido, a psicoeducação é uma ferramenta de capacitação quanto ao entendimento e manejo adequado, potencializando o envolvimento da família, a crença de autoeficácia, o apoio emocional, reduzindo o estresse dos cuidadores, considerando que os pais costumam ser a principal rede de apoio e cuidado de pacientes com TEA. (SOUSA, PINHEIRO & MACHADO, 2021; LEONI, JABALI & RODRIGUES, 2020).

Pais mais capacitados e participativos podem contribuir de forma mais efetiva no tratamento de seus filhos, o que beneficia não apenas a criança, mas possibilita que frustrações e angústias dos próprios familiares também sejam trabalhadas. Estratégias e intervenções vêm se mostrando eficazes no suporte e psicoeducação de pais e cuidadores.

Abaixo, apresentaremos algumas delas.

Centro de Atenção Psicossocial Infantojuvenil (CAPSi) e Grupos de Familiares

Os CAPSi são os dispositivos destinados a acolher, estimular a autonomia e integração social, cultural e familiar, assim como oferecer atendimento médico, psicológico e reabilitação psicossocial a crianças e adolescentes com sofrimento psíquico intenso dentro do espaço da cidade. Foram criados com a finalidade de favorecer o exercício da cidadania e a inclusão social dos usuários e de suas famílias, no qual o protagonista é o sujeito em sofrimento psíquico e não o seu tratamento. (BRASIL, 2004; PACHECO, RODRIGUES & BENATTO, 2018).

O grupo de familiares é uma estratégia utilizada com o intuito de propiciar um espaço de escuta e de psicoeducação para os cuidadores. Também é uma ferramenta de fortalecimento do vínculo entre os pais e a equipe, além de possibilitar a criação de laços afetivos entre os seus membros, fomentando a partilha de experiências e o sentimento de pertença. As intervenções com a família buscam potencializar as atitudes positivas apresentadas, assim como incentivar a sua participação efetiva, trabalhar as dificuldades e oferecer apoio emocional. Nesse sentido, é fundamental trabalhar a experiência subjetiva dos familiares acerca do diagnóstico e dos cuidados diários, fortalecendo as relações entre o paciente e seus cuidadores, aumentando o seu bem-estar. (LEMES & NETO, 2017).

Psicoterapia como intervenção para pais e cuidadores

A psicoterapia se mostra como uma estratégia de cuidado importante, com destaque para as abordagens psicodinâmicas e sistêmicas, com enfoque no suporte teórico-técnico para a intervenção com crianças autistas e suas famílias. Nessa relação terapêutica são priorizados a reconstrução e o fortalecimento das relações pelo contato com o terapeuta. A partir da visão psicodinâmica, esse processo se dá por meio da escuta e do contato com a história desses pais, suas frustrações e ideais, abrindo espaço para lidar com as crenças a partir da condição dos filhos. (FÁVERO & SANTOS, 2005).

Treinamento parental e método ABA

O treinamento parental é baseado no treinamento comportamental dos pais, considerando a modificação do comportamento, seus estímulos por mudanças, os recursos e padrões familiares. Destaca-se a terapia cognitiva-comportamental como modelo para esses treinamentos e a busca de estratégias que possam beneficiar a diminuição do estresse e o aumento de informações importantes para a relação dos pais e filhos. (FÁVERO & SANTOS, 2005).

O ABA – Análise do Comportamento Aplicada é um dos principais domínios da ciência do comportamento e muitos estudos demonstram a sua eficácia no tratamento de TEA, sugerindo efeitos positivos no funcionamento intelectual, desenvolvimento de linguagem e aquisição de habilidades da vida diária e social. Dessa forma, é recomendado que os cuidadores sejam capacitados na utilização do ABA para que ofereçam possibilidades mais abrangentes para as pessoas com TEA, favorecendo a generalização dos conteúdos e habilidades aprendidas. (BAGAIOLO et al., 2018).

São inúmeras as inquietações e os desafios que os pais enfrentam com a chegada de um filho com TEA. Essas inquietações, quando não encaradas como possibilidades de mudança em benefício da criança, se transformam em sofrimento, estresse, frustração e dificuldades que podem interferir no seu desenvolvimento e no processo de aceitação dos pais. Salienta-se a importância da psicoeducação como uma das primeiras intervenções a serem realizadas com os cuidadores, objetivando oferecer apoio emocional e instrumentalizá-los para lidar de forma assertiva e contribuir com o desenvolvimento da criança com TEA e sua família. Ressalta-se também a relevância da psicoeducação acerca dos serviços e ferramentas disponíveis para o tratamento de crianças com este diagnóstico, de forma a oferecer um cuidado integral e efetivo.

Referências

BAGAIOLO, L. F.; PACÍFICO, C. R.; MOYA, A. C. C.; MIZAEL, L. D. F.; JESUS, F. S. D.; ZAVITOSKI, M.; SASAKI, T.; ASEVEDO, G. R. D. C. Capacitação parental para comunicação funcional e manejo de comportamentos disruptivos em indivíduos com Transtorno do Espectro Autista. *Caderno de Pós-Graduação em Distúrbios do Desenvolvimento*. São Paulo, v. 18, n. 2, p. 46-64, jul/dez, 2018.

BORBA, L.O.; PAES, M. R.; GUIMARÃES, A. N.; LABRONICI, L. M. MAFTUM, M.A. A família e o portador de transtorno mental: dinâmica e sua relação familiar. *Revista da Escola de Enfermagem da USP*, pp. 442-449, 2011.

BRASIL. Ministério da Saúde. Secretaria de Atenção à Saúde. Departamento de Ações Programáticas Estratégicas. *Saúde mental no SUS: os centros de atenção psicossocial*. Brasília: Ministério da Saúde, 2004.

CARTER, B.; MCGOLDRICK, M. *As mudanças no ciclo de vida familiar: uma estrutura para a terapia familiar*. Porto Alegre: Artmed, 2001.

FÁVERO, M. A. B.; SANTOS, A. D. Autismo infantil e estresse familiar: uma revisão sistemática da literatura. *Psicologia: reflexão e crítica*, pp. 358-369, 2005. Disponível em: <https://www.scielo.br/j/prc/a/fgLcDdLJcTJK9YJjVHhYTbG/?format=pdf&lang=pt>. Acesso em: 10 dez. 2021.

FRIEDBERG, R.; MCCLURE, J.; GARCIA, J. H. *Técnicas de terapia cognitiva para crianças e adolescentes: ferramentas para aprimorar a prática*. Porto Alegre: Artmed, 2011.

LEMES, C.; NETO, J. B. Aplicações da psicoeducação no contexto da saúde. *Temas em psicologia*, v. 25, n. 1, pp. 17-28, 2017. Disponível em: <http://pepsic.bvsalud.org/pdf/tp/v25n1/v25n1a02.pdf>. Acesso em: 09 dez. de 2021.

LEONI, P. H.; JABALI, M.; RODRIGUES, A. Adaptação familiar ao diagnóstico de Transtorno do Espectro Autista: uma compreensão da vivência de famílias. *Revista interdisciplinar de saúde e educação*, v. 1, n. 2, 2020. Disponível em: <https://periodicos.baraodemaua.br/index.php/cse/article/view/120>. Acesso em: 29 nov. de 2021.

MACHADO, M. S.; LONDERO, A. D.; PEREIRA, C. R. R. Tornar-se família de uma criança com Transtorno do Espectro Autista. *Contextos clínicos*, vol. 11, n. 3, set/dez, 2018. Disponível em: <http://pepsic.bvsalud.org/pdf/cclin/v11n3/v11n3a06.pdf>. Acesso em: 29 nov. de 2021.

PACHECO, S. U. C.; RODRIGUES, S. R.; BENATTO, M. C. A importância do empoderamento do usuário de CAPS para a (re)construção do seu projeto de vida. *Mental*, v. 12, n. 22, pp. 72-89, jan.-jun. 2018.

SOCIEDADE BRASILEIRA DE PEDIATRIA. Departamento Científico de Pediatria do Desenvolvimento e Comportamento. *Manual de orientação: Transtorno do Espectro do Autismo*. 2019. Disponível em: <https://www.sbp.com.br/fileadmin/user_upload/21775c-MO_-_Transtorno_do_Espectro_do_Autismo.pdf>. Acesso em: 07 dez. de 2021.

SOUSA, I.; PINHEIRO, F.; MACHADO E. A relevância da psicoeducação familiar e o papel da família na reabilitação neuropsicológica do TEA. *Brazilian Journal of Development*, v. 7, n. 3, pp. 22558-22570, 2021. Disponível em: <https://www.brazilianjournals.com/index.php/BRJD/article/download/25831/22163#:~:text=A%20psicoduca%C3%A7%C3%A3o%20familiar%20no%20contexto,apoio%20e%20redu%C3%A7%C3%A3o%20da%20carga>. Acesso em: 29 nov. de 2021.

10

ESTILOS PARENTAIS
QUAL É A SUA IMPORTÂNCIA NO PROCESSO DO DESENVOLVIMENTO?

Para que todos possam entender o comportamento de nossas crianças, devemos primeiramente compreender de que forma o nosso comportamento como pais/responsáveis está afetando o desenvolvimento delas. Neste capítulo, observaremos o quão importante são os estilos parentais.

KEVIN SIMON

Kevin Simon

Contatos
Kevins.psico@gmail.com
@KevinSSimon
51 98533 9718

Psicólogo especialista em Terapia Cognitivo-comportamental e Autismo, docente do Instituto Attivo (UniCesumar) e mestrando em Intervenção Psicológica no Desenvolvimento e Educação.

Desde a década de 1930, os cientistas têm se concentrado em questões como "Qual é a melhor maneira de criar os filhos?" e "Quais são as consequências de crianças criadas por pais com padrões diferentes no processo de crescimento?" (DAHLIN & STEINBERG, 1993). Diana Baumrind, em 1966, começou a utilizar um modelo teórico com tipos de controle parental que foi um marco no estudo da educação pais-filhos. A partir dessa base, foi criado um novo conceito de parentalidade que integra aspectos emocionais e comportamentais. Com referência nesse modelo de pesquisa, a autora propôs um modelo de classificação dos pais com três arquétipos de controle: autoritativo, autoritário e permissivo.

Autoritativos (participativos)

A definição de pais autoritativos (mais conhecida como participativos) são aqueles que tentam orientar as atividades de seus filhos de forma racional e direcionada, possuem diálogos encorajadores, conseguem contextualizar o real significado de seu comportamento e, quando há pontos de discordância, realizam a validação emocional. Colocam sua perspectiva adulta sem restringir as crianças, reconhecendo que elas têm seus próprios interesses e caminhos específicos.

Autoritários

Nesse estilo parental, os filhos são criados de maneira rígida e a demonstração de afeto é mínima, são realizadas cobranças nas quais a criança se vê sozinha e sem apoio. Nesse contexto, o impacto negativo é certo, pois não conseguimos mensurar como a criança interpretará esse tipo de comportamento restritivo.

> Pais autoritários moldam, controlam e avaliam o comportamento de seus filhos com base em regras de conduta estabelecidas e geralmente absolutas; respeito e obediência são uma virtude, e eles concordam em tomar medidas punitivas para lidar com seus filhos.
> (BAUMRIND, 1966, pp.887-907).

Permissivos

Já neste estilo parental, podemos dizer que os pais são muito flexíveis a ponto de que as regras que existem são mínimas e, dentre essas, frágeis no sentido que a criança as quebra constantemente. Não diferente do autoritário, nesse contexto o prejuízo é ainda maior, pois ela se vê sem rumo, perdida, sem validação emocional e muito menos presença das funções materna e paterna.

> Pais permissivos tentam tratar os desejos e comportamentos dos filhos de uma forma não punitiva e receptiva; eles mostram a ela que são um recurso para satisfazer seus desejos, não um modelo. Nem é um agente responsável por moldar ou direcionar seu comportamento.
> (BAUMRIND, 1966, pp.887-907).

Existem outros tipos de estilos parentais?

Sabemos que não incluímos este tópico anteriormente, mas essa descoberta ocorreu anos depois que Baumrind trouxe suas contribuições referentes ao tema. Maccoby e Martin (1983) dividiram os métodos parentais tolerantes em dois, indulgência e negligência, quando reorganizaram o protótipo de Baumrind por meio de duas dimensões: demanda e resposta. Desse modo, as características de cada estilo podem ser explicadas por meio de duas dimensões: autocráticos e indulgentes.

Autocráticos e indulgentes

Estes estilos parentais possuem algumas diferenças peculiares. Enquanto o autocrático é exigente, o indulgente não é, ou seja, um estabelece demandas que devem ser cumpridas não se importando com o equilíbrio das demandas do filho, no outro estilo não existem nada, nem que respondam, são esquivos tendendo sempre responder à criança de imediato, sem a contrariar. (MACCOBY & MARTIN, 1983).

Como podemos aplicar isso na prática?

Darling e Steinberg (1993) realizaram uma revisão histórica do conceito de parentalidade, incluindo críticas e mudanças. Propuseram que a parentalidade deveria ser entendida como o contexto no qual os pais influenciam seus filhos por meio de práticas com base em crenças e valores. Eles enfatizaram a importância de uma distinção clara entre o "estilo" dos pais e a "prática" dos pais.

As práticas parentais são estratégias que visam suprimir comportamentos considerados inadequados ou estimular a ocorrência de comportamentos adequados (ALVARENGA, 2001). Os pais podem combinar várias dessas estratégias, dependendo da situação (REPPOLD, PACHECO, BARDAGI & HUTZ, 2002). Essas atitudes criam um contexto emocional que expressa o comportamento dos pais, incluindo outros aspectos da interação pai-filho com objetivos claros, como voz, linguagem corporal e humor. (DARLING & STEINBERG, 1993).

A forma do estilo parental é "o desempenho dos pais para com os filhos reflete a natureza de sua interação" (REPPOLD & cols., 2002, p. 23). Em um estudo de Dornbusch *et al.* (1987) envolvendo um grande e diversificado grupo experimental (7.836 pessoas), os estilos de criação dos pais estão relacionados ao desempenho escolar dos adolescentes: estilos autoritários e intolerantes estão relacionados a notas mais baixas, enquanto os pais autoritativos estão sempre associados a aspectos positivos, como melhor desempenho acadêmico (STEINBERG, DARLING & FLETCHER, 1995; COHEN & RICE, 1997).

Filhos de mães autoritárias geralmente apresentam externalização (agressão verbal ou física, vandalismo, mentira) e internalização (retraimento social, depressão, ansiedade). (OLIVEIRA & cols., 2002).

Quando separados os pais permissivos em indulgentes e negligentes, os resultados mais negativos aparecem relacionados com os filhos de pais negligentes, que possuem o menor desempenho em todos os domínios. Possuem baixo rendimento escolar, sintomas depressivos e baixa autoestima (DARLING, 1999; RADZISZEWSKA, RICHARDSON, DENT & FLAY, 1996), podem ter um desenvolvimento atrasado, problemas afetivos e comportamentais (QUINTIN, 2001) e possuem maior índice de estresse. (WEBER, BISCAIA, PAVEI & GALVÃO, 2002).

Além de os estilos parentais influenciarem em diversos aspectos no desenvolvimento dos filhos, podem estar determinando o estilo parental que os filhos vão adotar futuramente, havendo uma transmissão intergeracional de estilos parentais. Uma pesquisa recente encontrou correlação positiva entre o autoritarismo de avós e mães, ou seja, as filhas educadas por mães autoritárias tenderam a adotar este mesmo estilo parental com seus filhos (OLIVEIRA & cols., 2002).

O estudo citado acima visou tratar que os estilos parentais criam um clima emocional em que se expressam as interações pais-filhos, tendo como base a influência dos pais em aspectos comportamentais, emocionais e intelectuais dos filhos.

Adotar um estilo parental autoritativo é bastante adequado para uma educação saudável dos filhos. Para adotar este estilo, é preciso que os pais se envolvam na educação, respondendo às necessidades que a criança tem de atenção, incentivo, auxílio, diálogo e diversão (responsividade), bem como supervisionar e monitorar os comportamentos do filho, exigindo a obediência de regras e limites e o cumprimento de deveres (exigência).

Ao mesmo tempo em que os pais precisam ser respeitados em seus papéis, também devem respeitar os direitos dos filhos. Portanto, de um lado, há uma posição de controle e, de outro, uma posição de compreensão e bi-direcionalidade, que oferece à criança maior autonomia e autoafirmação.

Um aspecto de grande importância está no fato de não só saber o que fazer para educar bem, como saber se o que está sendo feito é interpretado pela criança como se espera. Pode ocorrer no relacionamento pais-filhos certa incompatibilidade de percepções e pensamentos, ou seja, a visão que o filho tem sobre os comportamentos dos pais é diferente da visão que os pais têm deles próprios. Como já visto no decorrer dessa hora, o transtorno do espectro autista permeia em todos os contextos, mas o que torna ainda mais desafiador esse contexto são suas interpretações de acordo como nós agimos.

Uma intervenção feita com pais é a possibilidade de uma aplicação direta do conhecimento de estilos parentais. Isso significa um processo de munir os pais com conhecimentos específicos e habilidades que lhes permitam promover o desenvolvimento e a competência de suas crianças. Um trabalho de orientação para pais é de extrema importância, pois implica o melhor desenvolvimento de crianças, que por sua vez serão os pais de amanhã, atingindo inclusive outras gerações. Os pais atuais precisam ter acesso ao conhecimento de práticas educativas que sejam eficazes para criar e manter um repertório de comportamentos adequados, desenvolver habilidades sociais e manter uma dinâmica familiar com muito afeto positivo e comprometimento.

Referências

BAUMRIND, D. (1966). Effects of authoritative control on child behavior. *Child Development, 37*, 887-907.

MACCOBY, E.; MARTIN, J. (1983). Socialization in the context of the family: parent-child interaction. In: HETHERINGTON, E. M. (Org.). *Handbook of child psychology*, v. 4. Socialization, personality, and social development (4§ ed., pp. 1-101). New York: Wiley.

REPPOLD, C. T.; PACHECO, J.; BARDAGI, M. & HUTZ, C. S. (2002). Prevenção de problemas de comportamento e desenvolvimento de competências psicossociais em crianças e adolescentes: uma análise das práticas educativas e dos estilos parentais. In: HUTZ, C. S. (Org.). *Situações de risco e vulnerabilidade na infância e adolescência: aspectos teóricos e estratégias de intervenção* (pp. 9-51). São Paulo: Casa do Psicólogo.

STEINBERG, L.; DARLING, N. & FLETCHER, A. C. (1995). Authoritative parenting and adolescent adjustment: an ecological journey. In: MOEN, P.; ELDER, G. H.; LUSCHER, K. (Orgs.). *Examining lives in context: Perspectives on the ecology of human development* (pp. 423-466). Washington, DC: APA.

STEINBERG, L.; LAMBORN, S. D.; DARLING, N.; MOUNTS, N. S.; DORNBUSCH, S. M. (1994). Over-time changes in adjustment and competence among adolescents from authoritative, authoritarian, indulgent, and neglectful families. *Child Development, 65*, 754-770.

11

A COMUNICAÇÃO PARA ALÉM DA LINGUAGEM FALADA
UMA PERSPECTIVA PELA COMUNICAÇÃO AUMENTATIVA E ALTERNATIVA

Para que possa ocorrer uma plena inclusão, em que todos sejam contemplados e tenham espaço de fala e escuta, é necessário que sejam oferecidos dispositivos que diminuam as barreiras de acesso. Olhar para as diferenças com respeito e conhecimento é essencial para uma sociedade inclusiva. A comunicação aumentativa e alternativa surge para contemplar indivíduos que apresentam dificuldade na comunicação pela fala. Venha conhecer esse mundo de possibilidades.

**LUANA DARIVA E
PATRÍCIA PRESSER WILTGEN**

Luana Dariva

Contatos
luanafsdariva@gmail.com
51 98653 0457

Psicóloga clínica infantil, pós-graduada em Transtorno do Espectro Autista (TEA), pós-graduação em Terapia ABA. Formação complementar em Estimulação Precoce e Terapia ABA. Experiência clínica profissional em atuação, avaliação, acompanhamento e intervenção de crianças e adolescentes com TEA. Terapeuta de grupo na musicoterapia com crianças com TEA.

Patrícia Presser Wiltgen

Contatos
ppresserwiltgen@gmail.com
51 99333 2322

Fonoaudióloga, pós-graduada em Transtorno do Espectro Autista (TEA), com formação no Conceito Neuroevolutivo Bobath, Estimulação Precoce e Disfagia. Experiência clínica profissional, desde 2002, de atuação em avaliação, acompanhamento e intervenção para indivíduos com distúrbios de comunicação e alimentação.

Imaginar, hoje, viver sem a fala, a linguagem e a escrita é, para muitos, algo impensável e até assustador. A comunicação, em sua plenitude, está presente em grande parte do cotidiano e em diferentes contextos, assim como na escola, na família, entre amigos e no trabalho. É por meio da comunicação que ocorre a interação com os outros, que ocorre a pertença a uma sociedade.

O autor Vygotsky (2001) aponta que é de extrema importância para o desenvolvimento humano, o processo no qual o indivíduo se apropria das experiências presentes em sua cultura. Para o autor, a linguagem, a ação e os processos interativos são de suma importância para a construção das estruturas mentais superiores. É por meio do convívio social que se adquire a linguagem e a capacidade de comunicação, portanto é a interação com os outros que gera significado ao que se está expressando.

Como fazer, então, quando alguém não consegue se comunicar pela fala? A comunicação é de grande importância para qualquer indivíduo, é por meio dela que são manifestados vontades, desejos, sentimentos e a visão do mundo que o rodeia. Mas você sabia que a comunicação é muito mais ampla do que a fala apenas? Sim, comunicar envolve também símbolos, sinais, escrita, gestos, expressões faciais, olhar, choro e todas as informações verbais e não verbais. (JORGE, 2015).

Nesse contexto, muitos indivíduos, pelas mais variadas razões, veem-se privados da linguagem falada e têm de, por essa razão, recorrer a outras formas de comunicação. É o caso de indivíduos com Transtorno do Espectro Autista (TEA), os quais possuem significativas dificuldades na linguagem e, consequentemente, na comunicação. Além disso, indivíduos com TEA apresentam complicações na intenção comunicativa, o que dificulta o processo de interação e relação social. Esses distúrbios na comunicação começam a ser percebidos paralelamente com o desenvolvimento da criança desde os primeiros anos de vida e podem trazer danos significativos ao seu desenvolvimento global, pois é privada das aprendizagens socioculturais que alavancam o desenvolvimento humano. (FOSCARINI & PASSERINO, 2015).

Diante do exposto, considerando a importância da comunicação para o desenvolvimento do indivíduo, no que tange a crianças que apresentam TEA e que têm dificuldades acentuadas nos aspectos comunicativos, acabam por apresentar sérios prejuízos ao nível do seu desenvolvimento, com atrasos significativos na linguagem, prejudicando, dessa forma, a sua atuação sobre o meio e a inclusão escolar. Acaba por contribuir para este desfecho o fato de não haver interlocutores que conheçam os recursos que essas crianças utilizam para se comunicarem, ou seja, para expressar e compreender mensagens, com o fato de a criança ter um número reduzido de oportunidades de interações sociais. (PEREIRA, 2016).

Fonte: https://www.mamme.it/2-aprile-giornata-mondiale-per-la-consapevolezza-sullautismo/

É nesse âmbito, com objetivo de minimizar limitações em nível de comunicação e linguagem, que surge a Comunicação Aumentativa e Alternativa (CAA), pois por meios de diferentes recursos de comunicação e softwares, os quais proporcionam às crianças e jovens com limitações no âmbito da comunicação situações em que é possível ocorrer interação e aprendizagens. Desse modo, por meio da CAA a criança e o adolescente têm a oportunidade de expressar o seu pensamento e construir ativamente o seu conhecimento. (PEREIRA, 2016).

Pereira (2016) ressalta ainda que a CAA, como área de pesquisa, surge justamente para apoiar o desenvolvimento de uma comunicação mais autônoma das crianças e jovens com *déficits* nesse âmbito. A CAA vem como um recurso facilitador para o desenvolvimento da comunicação de crianças e jovens que não podem falar ou que apresentem qualquer limitação a esse nível, sendo elas a nível permanente ou temporário. O recurso da CAA pode ser utilizado como forma suplementar ou complementar à fala, ou seja, serve como apoio ou como substituto da linguagem falada, isso vai depender de cada caso em particular.

Conforme Jorge (2015), havendo a detecção de sinais compatíveis com TEA, diante da avaliação do profissional habilitado, de equipe transdisciplinar e do envolvimento da família da criança, é avaliada a introdução ou não do uso da CAA, que, em caso positivo, deve ser a mais precoce possível, principalmente na primeira infância, já que a estimulação precoce é uma abordagem de alta eficácia nesses casos.

É importante ressaltar que o termo "comunicação aumentativa e alternativa" é usado para definir diferentes formas de comunicação, as quais vão desde o uso de gestos, língua de sinais, uso de pranchas de alfabeto ou símbolos pictográficos, expressões faciais, até o uso de sistemas mais sofisticados de computador com voz sintetizada. Interessante ainda notar que, quando o indivíduo não apresenta outra forma de comunicação, o método será de comunicação alternativa e, nos casos onde o indivíduo apresenta alguma forma de comunicação, não sendo essa suficiente para trocas sociais, o método que será utilizado será denominado comunicação aumentativa. (PEREIRA, 2016).

Além disso, os recursos de CAA são caracterizados como de baixa tecnologia e de alta tecnologia. Sendo os recursos de baixa tecnologia: objetos concretos e de referência, cartões com figuras ou mensagens, fotos, desenhos, pranchas, pastas, cadernos, chaveiros de comunicação, pranchas de letras e sua forma impressa e tangível. E os recursos de alta tecnologia: equipamentos eletrônicos e digitais que podem ou não reunir imagem e som, assim como as pranchas de comunicação que podem ser editadas em computador ou tablet com reprodução de voz digitada ou gravada. (JORGE, 2015).

A escolha do sistema aumentativo e alternativo de comunicação deve ser feita a partir da observação de diversos fatores associados, visando sempre à aquisição de maior autonomia, bem-estar e qualidade de vida da criança e sua família. Deve ser levado em conta a avaliação da criança, suas capacidades e dificuldades e o engajamento da família para que participe juntamente. (PEREIRA, 2016).

Se percebe no consultório que, no caso de crianças com TEA, a fala e a comunicação de um(a) filho(a) se torna a questão de maior preocupação e interesse de seus familiares e, no caso da CAA, será necessária e de suma relevância a participação desses familiares para resultados positivos.

EU QUERO

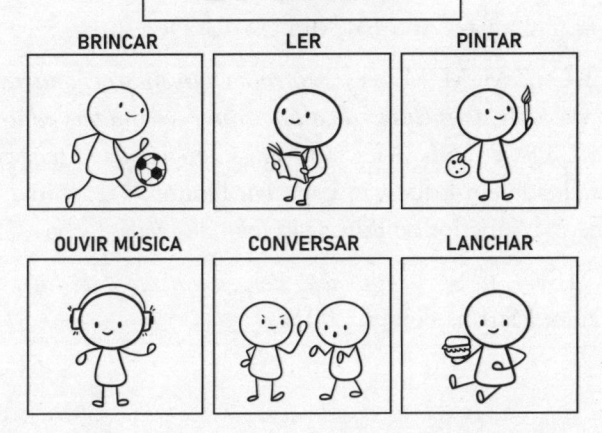

| BRINCAR | LER | PINTAR |
| OUVIR MÚSICA | CONVERSAR | LANCHAR |

Por meio da CAA, são trabalhadas questões de inclusão, educação e aprendizagem, tendo como principais objetivos a facilitação e a compensação de incapacidades temporárias ou permanentes. Por essas razões, se a criança apresenta dificuldades severas de comunicação, que não lhe permitam comunicar pela fala, será necessário, o mais cedo possível, ter acesso a um Sistema Aumentativo e Alternativo de Comunicação, que lhe permita comunicar com os outros e com o mundo. Desse modo, a CAA melhora a qualidade de vida, proporciona maior autonomia e melhora a autoestima, proporcionando, assim, maior inclusão social. (JORGE, 2015 & PEREIRA, 2016).

Referências

FOSCARINI, A. C.; PASSERINO, L. M. Aquisição de gestos e intencionalidade comunicativa em crianças com autismo. *Comunicação alternativa: mediação para uma inclusão social a partir do Scala* [recurso eletrônico], Passo Fundo: Ed. Universidade de Passo Fundo, 2015. PDF. Disponível em: <www.upf.br/editora>. Acesso em: 12 dez. de 2021.

JORGE, V. Comunicação alternativa: uma área de aprendizado e linguagem. *Nossa voz: revista do Conselho Regional de Fonoaudiologia.* 7. Região, Ano 13, Número 12, Dez. 2015.

PEREIRA, J. M. M. M. *A comunicação aumentativa e alternativa enquanto fator de inclusão de alunos com necessidades educativas especiais.* Dissertação (Mestrado em Ciências da Educação na Especialidade em Educação Especial: Domínio Cognitivo-Motor). Escola Superior de Educação João de Deus, Lisboa, 2016.

VYGOTSKY, L. S. *A construção do pensamento e da linguagem.* São Paulo: Martins Fontes, 2001a.

12

AUTISMO E A ADAPTAÇÃO FAMILIAR AO DIAGNÓSTICO
AMPLIANDO POSSIBILIDADES

Quando uma família recebe o diagnóstico do Transtorno do Espectro Autista (TEA), uma nuvem de significados negativos passa pela mente devido às incertezas do futuro. O presente capítulo traz um olhar ampliado e humanizado sobre a pessoa portadora de TEA, retomando ao sujeito as capacidades que possui. Quando este não se limita ao diagnóstico, terá o horizonte de possibilidades ampliado.

**LUCAS SILVA FERREIRA E
PATRÍCIA DA ROSA**

Lucas Silva Ferreira

Contatos
psicologialucasferreira@gmail.com
Instagram: @psicologolucasferreira

Psicólogo graduado pelo Centro Universitário Cenecista de Osório. Pós-graduando em Neuropsicologia pela Faculdade Única. Atua realizando psicoterapia em adolescentes, adultos e familiares de pacientes com Transtorno do Espectro Autista na Clínica Psicocentro+.

Patrícia da Rosa

Contato
patriciadarosapsico@gmail.com

Psicóloga graduada pelo Centro Universitário Cenecista de Osório, especialista em Terapia Cognitivo-comportamental e Método ABA - Análise do Comportamento Aplicada, curso de aperfeiçoamento em Avaliação do Desenvolvimento Infantil e ABA no TEA. Atua na clínica Psicocentro +, atendendo crianças com TEA e familiares.

Nada proporciona melhor capacidade de superação e resistência aos problemas e dificuldades em geral do que a consciência de ter uma missão a cumprir na vida.
VIKTOR FRANKL

De acordo com o DSM-V, o Transtorno do Espectro Autista – incluído dentro da categoria transtornos do neurodesenvolvimento – é caracterizado por dificuldades persistentes na comunicação e interação social em diversos contextos, apresentando *déficits* na reciprocidade socioemocional, nos comportamentos comunicativos não verbais e dificuldades para desenvolver, manter e compreender relacionamentos (APA, 2014).

O autismo foi mencionado pela primeira vez pelo médico Eugen Bleuler como um sintoma dentro do diagnóstico de esquizofrenia, devido ao afastamento do indivíduo da realidade (BLEULER, 1911 apud Norte, 2017). Mas o termo 'autismo infantil' como categoria diagnóstica foi utilizado em 1943 pelo médico psiquiatra Leo Kanner, o qual percebeu um determinado perfil de crianças com baixa responsividade ao ambiente e dificuldade de estabelecer conexões com outras pessoas. (MAS, 2018).

Devido a sua determinação por fatores genéticos e ambientais, o diagnóstico ocorre por meio da observação dos comportamentos apresentados e do histórico do desenvolvimento da criança, por meio da anamnese (BARBARO, 2009; DALEY, 2004; HOWLING, MAGEATI & CHARMAN, 2009; REICHOW, 2011).

Impacto dos pais ao receberem o diagnóstico do filho

Diante da expectativa de que um novo membro chegará na família, todos os integrantes, principalmente os pais, começam a imaginar a criança, a cor dos olhos, a tonalidade da voz, as primeiras palavras ditas. Sendo, desde sempre, essas idealizações impostas pela sociedade como aquilo que se conhece por "normal" ou "saudável". (OLIVEIRA, 2018).

O tempo vai passando, a criança vai crescendo e se desenvolvendo, mas a percepção e expectativas dos pais, como se fosse um radar, percebem que algo está diferente, não está sendo como o esperado. Logo, o medo e a ansiedade de que essa dificuldade de interação seja uma deficiência ou algum transtorno se instaura.

São os pais e/ou cuidadores que no convívio diário com a criança suspeitam primeiramente de dificuldades no desenvolvimento, sendo, até mesmo, muitas vezes antes dos profissionais (ZANON et al., 2014). Segundo Brasil (2015), frequentemente pais de crianças com autismo relatam perceberem seus filhos diferentes ainda quando bebês.

A fase que precede o diagnóstico, ou seja, a fase de busca pelo diagnóstico apresenta dificuldades, gerando muitas vezes a desestruturação da família. A família passa por um desgaste por longas buscas, pela ansiedade em saber o que a criança tem e logo qual tratamento será necessário, vivenciando o sentimento de impotência diante da criança e suas dificuldades. Quando o diagnóstico é dado por um profissional, essa família sente-se aliviada, pois finalmente sabe-se o que a criança tem e inicia-se uma nova fase, igualmente difícil, com incertezas e angústias, agora diante do futuro desta criança. (ZANATTA et al., 2014).

O diagnóstico desse transtorno pode acarretar que os familiares passem pelos estágios do luto, inclusive a negação, pois é uma adaptação que os enlutados vivenciam ao perderem suas expectativas sobre seu filho. A culpa também pode existir nos membros da família, especialmente entre os pais. (REDDY; MARKOVA; WALLOT, 2013).

Diante dessa nova situação, os responsáveis da criança com TEA precisam se ajustar. Quando a mãe da criança estava grávida imaginava certas características e agora precisa adequar-se à realidade do filho. Por causa das dificuldades apresentadas pela criança, automaticamente são necessários cuidados diferentes nos diversos contextos.

Com todo esse processo, a dinâmica familiar também acaba alterada, pois a criança com TEA exigirá mais atenção e cuidado do que uma criança sem o transtorno, sendo assim todos os membros terão que contribuir de alguma forma. Toda essa readaptação pode realçar o estresse no convívio familiar, impactando na qualidade de vida de todos. (GAIA, 2014).

São necessários, para melhor adaptação do dia a dia e consequentemente diminuição do estresse, apoio psicológico aos pais e cuidadores, junto a direcionamentos sobre o TEA. (KULOGLU-AKSAZ 1994, SECRETARIA DA SAÚDE DO ESTADO DE SÃO PAULO, 2013).

Construindo uma nova imagem – aceitação e adaptação

A fragmentação da fantasia do filho perfeito e o lidar com o preconceito social, baixa quantidade de informações sobre o transtorno, o despreparo dos órgãos públicos, sofrimento de isolamento social por parte de amigos, parentes por conta da falta de compreensão fazem parte da aceitação diagnóstica. (CHAIM et al., 2019 & DUARTE, 2019).

Sendo assim, salienta-se a necessidade de suportes adequados para as famílias, pois a criança precisará de todo apoio especializado, e com esse apoio e amparo no âmbito familiar, terá melhores estratégias de enfrentamento para que a qualidade de vida possa aumentar. (CHAIM et al., 2019).

É esperado que os pais mudem seus comportamentos aos filhos depois de sabido o diagnóstico. A percepção do porquê o filho agia daquela forma torna-se mais clara. Acontece, então, um ajuste às particularidades da criança com a estimulação de áreas deficitárias com o olhar de que possa criar o melhor desenvolvimento possível. (PEREIRA et al, 2018).

Para um tratamento eficaz, é essencial a presença de profissionais de saúde mental para o entendimento e compreensão dos sentimentos dos pais, pois esse olhar ampliado repercutirá em um melhor trato destes para com a criança e assim será amenizado o conflito emocional ocasionado pelo diagnóstico. (OLIVEIRA & POLETTO, 2015).

O esforço para serem pais compreensivos, amorosos e obstinados no desenvolvimento sobre a demanda do filho, após/durante o processo de luto, e lutando para ultrapassar as dificuldades, não sendo frio e apenas "prático" é de extrema importância, pois essa é uma fase que pode ser decisiva no desenvolvimento da criança com TEA. (FRANCO, 2015, 2016).

Novas possibilidades – uma nova forma de existência

As intervenções precoces e assertivas podem resultar em avanços positivos para o desenvolvimento e desfecho das crianças com autismo. (PINTO et al., 2016).

A família tem relevância acentuada no desenvolvimento de personalidade e nas ações aprendidas pelo sujeito que está em constituição (PRATTA & SANTOS, 2007). Assim, Rodrigues, Sobrinho e Da Silva (2000) mencionam que a família acaba ficando com o papel de ensinar os aspectos intrínsecos que tornam a criança mais adaptada para conviver em sociedade, como cuidar, zelar e ensinar.

O vínculo entre o paciente e sua família com a equipe de saúde torna-se fundamental, com a finalidade de esclarecer dúvidas e amenizar angústias durante o diagnóstico. Esse acolhimento profissional lida com a qualidade das informações que serão absorvidas pelos membros da família e isso pode impactar na forma que terão no engajamento do tratamento da criança (PINTO et al., 2016).

Autotranscendência – amor parental como força motriz

A análise existencial do psiquiatra Viktor Frankl menciona que a autotranscendência é uma característica inata que o ser humano tem de encontrar sentido em sua vida quando se dedica a uma causa, tarefa, missão ou a alguém. O diagnóstico, o luto, as dificuldades cotidianas, a reconstrução e a luta pela dignidade e tratamento do filho podem ser redutos de significado em que a força do amor materno e paterno ou do cuidador será uma fortaleza de esperança para o melhor desenvolvimento possível da criança.

Para essa teoria, o Valor de Atitude (a forma de como se lida com situações que não podem ser alteradas) como, por exemplo, o diagnóstico do filho e o enfrentamento junto da criança de um mundo que limita as potencialidades e exclui as adversidades, pode ser constituinte de significado para todos os envolvidos.

Referências

APA, American Psychiatric Association. *Manual diagnóstico e estatístico de transtorno DSM-5*. Porto Alegre: Artmed, 2014.

BARBARO, J. Autism Spectrum Disorders in infancy and toddlerhood: a review of the evidence on early signs, early identification tool, and early diagnosis. *Journal of Developmental & Behavioral Pediatrics*, 30 (5), 447 – 459, 2009.

BRASIL. Ministério da Saúde. Secretaria de Atenção à Saúde. Departamento de atenção temática. *Linha de cuidado para a atenção às pessoas com transtorno do espectro do autismo e suas famílias na Rede de Atenção Psicossocial do Sistema Único de Saúde*. Brasília, 2015.

CHAIM, M. P. M.; COSTA NETO, S. B. da; PEREIRA, A. F.; GROSSI, F. R. da S. (2019). Qualidade de vida de cuidadores de crianças com transtorno do espectro autista: revisão da literatura. *Cadernos de pós-graduação em distúrbios do desenvolvimento*,19(1),9-34. Disponível em: <https://dx.doi.org/10.5935/cadernosdisturbios.v19n1p9-3>. Acesso em: out. de 2021.

DUARTE, A. E. O. (2019). Aceitação dos pais para o transtorno do espectro autista do filho. *Revista internacional de apoyo a la inclusión, logopedia, sociedad y multiculturalidad*. 5(2), pp. 53-63.

GAIA, C. Autismo infantil: proposições para minimizar impactos do transtorno enfrentado pelos pais. *Revista margens interdisciplinar*, v.8, n.10, 2014.

KULOGLU A. N. The effect of informational counseling on the stress level of parents of children with autism in Turkey. *Journal of Autism and Developmental Disorders*, 24, 109-110, 1994.

OLIVEIRA, A. L. S. de. (2018). Dificuldades dos pais na aceitação da deficiência dos seus filhos frente à descoberta do diagnóstico [Versão Eletrônica]. *Psicologia: o portal dos psicólogos.* Disponível em: <https://www.psicologia.pt/artigos/textos/A1202.pdf>. Acesso em: out. de 2021.

OLIVEIRA, I. G. de.; POLETTO, M. (2015). Vivências emocionais de mães e pais de filhos com deficiência. *Revista da SPAGESP*, 16(2), pp. 102-119.

PEREIRA, L. D. *et al.* Dificuldades de mães e de pais no relacionamento com crianças com transtorno do espectro autista. *Revista contextos clínicos.* São Leopoldo, v. 11, n. 3, pp. 351-360, 2018.

PINTO, R. F. M. *et al.* Autismo infantil: impacto do diagnóstico e repercussões nas relações familiares. *Revista gaúcha de enfermagem*, 2016. Disponível em <http://dx.doi.org/10.1590/1983-1447.2016.03.61572>. Acesso em: nov. de 2021.

RODRIGUES, M.S.P.; SOBRINHO, E.H.G.; DA SILVA, R.M. (2000). A família e sua importância na formação do cidadão. *Família, saúde e desenvolvimento*, v. 2, n. 2. Disponível em: <https://revistas.ufpr.br/refased/article/view/4934>. Acesso em: set. de 2021.

ZANATTA, E. A. *et al.* Cotidiano de famílias que convivem com o autismo infantil. *Revista baiana de enfermagem*, Salvador, v. 28, n. 3, pp. 271-282, 2014. Disponível em: <https://periodicos.ufba.br/index.php/enfermagem/article/view/10451>. Acesso em: nov. de 2021.

ZANON, R. B.; BACKES, B.; BOSA, C. A. Identificação dos primeiros sintomas do autismo pelos pais. *Psicologia: teoria e pesquisa*. Brasília, v. 30, n. 1, pp. 25-33, 2014.

13

QUALIDADE DE VIDA DOS CUIDADORES DE CRIANÇAS COM TRANSTORNO DO ESPECTRO AUTISTA

Neste capítulo, faremos uma breve revisão sobre a qualidade de vida de cuidadores de crianças com Transtorno do Espectro Autista. Abordaremos alguns fatores que influenciam e propostas para que ocorra uma melhoria na qualidade de vida dessas famílias.

NATALIE DURAN ROCHA E MARJORIE DURAN ROCHA

Natalie Duran Rocha

Contato
nata.rocha13@gmail.com

Médica graduada pela Pontifícia Universidade Católica do Rio Grande do Sul (PUC-RS). Especialista em Pediatria também pela PUC-RS. Atualmente mestranda no curso de pós-graduação de Pediatria e Saúde da Criança da PUC-RS. Atua na área de emergência pediátrica e atenção básica, fazendo atendimento e acompanhamento de crianças e adolescentes.

Marjorie Duran Rocha

Contato
marjodr1000@gmail.com

Médica graduada pela Pontifícia Universidade Católica do Rio Grande do Sul (PUC-RS). Especialista em Psiquiatria também pela PUC-RS. Atualmente trabalha na saúde pública e em consultório privado.

O Transtorno do Espectro Autista (TEA) é um diagnóstico cada vez mais prevalente na infância. De acordo com os dados de 2018 da Organização Mundial da Saúde (OMS), 1 em cada 160 crianças tem autismo. Dados atuais publicados em dezembro de 2021 do Center for Disease Control and Prevention (CDC) estimam uma prevalência de Autismo de 1 em 44 crianças nos Estados Unidos da América (EUA) em 2018. Isso representa um aumento significativo em relação ao número anterior, de 2016, que era de 1 para 54. No Brasil, não temos dados estatísticos expressivos que descrevam a prevalência geral de Autismo. No entanto, pelos dados globais, podemos estimar que exista uma parcela importante da população com esse diagnóstico. Em 2019, foi sancionada uma lei que obriga o Instituto Brasileiro de Geografia e Estatística (IBGE) a inserir perguntas sobre o autismo no Censo Demográfico. A ideia é saber quantas pessoas apresentam esse transtorno e como elas estão distribuídas pelo país, para que a partir de então seja possível conduzir corretamente as políticas públicas e direcioná-las às pessoas com autismo.

Segundo o Manual Diagnóstico e Estatístico de Transtornos Mentais (DSM-5), TEA é um transtorno do neurodesenvolvimento que costuma se manifestar por *déficits* na comunicação e interação social, bem como padrões restritos e repetitivos de comportamento, interesses e atividades, promovendo prejuízos significativos durante a vida. Esses sintomas estão presentes desde o início da infância e limitam ou prejudicam o funcionamento diário dessas crianças. Mesmo os sintomas podendo estar presentes desde muito cedo, o diagnóstico de TEA costuma ser feito em uma idade mais avançada, quando características como dificuldades na comunicação ou atraso na socialização, por exemplo, ficam mais evidentes. Muitas vezes os pais e, mesmo os profissionais, não identificam os primeiros sinais apresentados pelas crianças com TEA. O resultado disso é a perda de uma janela de oportunidades que gerariam estímulos importantes para um melhor neurodesenvolvimento.

Como a intervenção precoce pode melhorar os resultados a longo prazo, a identificação de problemas no desenvolvimento da criança o quanto antes é primordial para melhor perspectiva de um futuro favorável, sendo uma responsabilidade de todos os pediatras e profissionais que atuam na assistência de crianças. Por esse motivo, é recomendado o uso de ferramenta de triagem validada em consultas de pós-parto de 18 e 24 meses com o objetivo de identificar possíveis atrasos no desenvolvimento ou alterações do comportamento (M-CHAT).

Crianças com TEA e cuidadores ou familiares podem ter uma qualidade de vida insatisfatória, prejudicada devido a todo o contexto que envolve esse transtorno do neurodesenvolvimento. O primeiro impacto sofrido costuma ser no momento do diagnóstico. O nascimento de um filho costuma vir com uma série de expectativas e planos; perceber que terão de existir mudanças ao longo do caminho pode causar medo e insegurança. Conforme os cuidadores processam essa nova realidade, vão surgindo outros tipos de receios, como o temor da discriminação e de como será o futuro não só da família, mas também dessa criança e, depois, desse adulto. Além do fato desses cuidadores terem que lidar com algumas limitações sociais e do desenvolvimento, a criança com TEA geralmente exige uma demanda maior de consultas com especialistas e intervenções terapêuticas, gerando não só um estresse emocional, mas também financeiro. Além disso, muitas vezes, existe uma dificuldade em conseguir as consultas com as especialidades necessárias, principalmente para aquelas que são atendidas na rede básica de saúde. Por consequência, alguns cuidadores são sobrecarregados com uma carga emocional, financeira e social, o que pode impactar negativamente na qualidade de vida dessas famílias.

Outros fatores que podem interferir na qualidade de vida dos cuidadores são: nível socioeconômico da família, presença de transtorno psiquiátrico na mãe ou pai, mudanças na organização profissional ou familiar, frequência escolar da criança, percepção do nível de autonomia do filho, tempo decorrido desde o diagnóstico de autismo e o uso de medicamentos da criança. Essas são apenas algumas das muitas variáveis que se correlacionam e influenciam a qualidade de vida dos cuidadores. Percebemos, então, que essa é uma questão complexa e multifatorial, em que aspectos particulares de cada família e indivíduo agregarão ou não para a satisfação e bem-estar de todos.

Um estudo, publicado em 2015, que comparou famílias de crianças com autismo e famílias de crianças com outras doenças do desenvolvimento, mostrou um nível de estresse parental significativamente maior para o grupo de famílias com crianças autistas; irritabilidade infantil e problemas gastrointestinais foram os principais responsáveis por esse aumento. Por outro lado, quando cuidadores de pacientes com autismo foram comparados com cuidadores de pacientes com desenvolvimento típico percebeu-se que a hiperatividade foi o único fator significativamente relacionado ao estresse parental em familiares de crianças autistas

Entretanto nem todos os cuidadores de crianças com TEA apresentarão níveis elevados de estresse. As expectativas em relação a criança, a organização da família e a capacidade de resiliência são algumas características que podem fazer com que essas famílias se adaptem e consigam levar a vida com mais segurança e tranquilidade. As percepções dos pais sobre questões subjetivas da vida podem refletir em como eles lidam com as necessidades específicas de seus filhos.

Uma pesquisa brasileira que revisou vários estudos sobre qualidade de vida dos cuidadores de crianças com TEA concluiu que cuidadores ou familiares de crianças com TEA frequentemente descrevem prejuízos relacionados aos fatores psicológicos, em especial ao nível exacerbado de tensões e estresse, ocorrendo também maior chance de desenvolvimento de transtorno depressivo e/ou de ansiedade. Intervenções precoces e apropriadas, direcionadas não apenas à criança mas também à família, podem trazer ganhos significativos na qualidade de vida dos cuidadores envolvidos e favorecer o desenvolvimento de estratégias para lidar com as dificuldades.

Podemos concluir que muitos fatores interferirão na qualidade de vida dos cuidadores de crianças com TEA. Questões pessoais e questões da própria criança com TEA impactarão a curto, médio e longo prazo na qualidade de vida de ambos. Devemos observar, portanto, que durante a prestação de assistência a essa criança, os cuidadores não devem ser esquecidos ou deixados em segundo plano. As famílias costumam ser a principal fonte de apoio para esses pacientes. Da mesma forma que as crianças com TEA devem ter uma avaliação e terapêutica individualizada, as famílias também devem receber algum tipo de suporte social e psicológico efetivo, a fim de que entendam quais são as novas expectativas e estratégias de adaptação. Assimilar a nova dinâmica familiar talvez seja o ponto-chave para que não ocorram frustrações e decepções, o que poderia impactar negativamente não só na qualidade de vida dos cuidadores, mas também na evolução do quadro de TEA. Para isso, uma rede assistencial de suporte também deve ser oferecida ou disponibilizada para essas famílias. Todo o benefício obtido pelos cuidadores com esse tipo de intervenção será espelhado em uma melhora na evolução do desenvolvimento das crianças com TEA, como se fosse um mecanismo de retroalimentação positiva entre o binômio família/cuidador – criança.

Referências

AMERICAN PSYCHIATRIC ASSOCIATION. *Manual diagnóstico e estatístico de transtornos mentais*. Tradução Maria Inês Corrêa Nascimento *et al*. 5. ed. Porto Alegre: Artmed, 2014.

BALESTRO, J.; DE LA HIGUERA AMATO, C., *et al*. Relations Between the Perception of Communication Difficulties, Stress Levels and Behavior of Children with Autism Spectrum Disorders. *Psychology*, 2016.

BRASIL. Ministério da Educação. Pessoas com deficiências. Publicado em 08/04/2021. Disponível em: <https://abrelivros.org.br/site/dia-do-autismo-mec-ressalta-a-importancia-da-criacao-de-projetos-voltados-a-educacao-especial/>. Acesso em: 08 jul. de 2022.

CHAIM, M. P. M.; COSTA NETO, S. B.; PEREIRA, A. F., *et al*. Qualidade de vida de cuidadores de crianças com transtorno do espectro autista: revisão da literatura. *Cadernos de Pós-Graduação em Distúrbios do Desenvolvimento*. São Paulo, v. 19, 2019.

MAENNER, M. J.; SHAW. K. A.; BAKIAN, A. V., *et al*. Prevalence and Characteristics of Autism Spectrum Disorder Among Children Aged 8 Years – *Autism and Developmental Disabilities Monitoring Network*, 11 Sites, United States, 2018. MMWR Surveill Summ 2021.

MAYADA *et al*. Global prevalence of autism and other pervasive developmental disorders. *Autism Res*. Jun; 2012.

MCSTAY R. L.; DISSANAYAKE C.; SCHEEREN A.; KOOT H. M.; BEGEER S. Parenting Stress and Autism: The Role of Age, Autism Severity, Quality of Life and Problem Behaviour of Children and Adolescents with Autism. *Autism*. Epub, 2014.

ÖZGÜR B. G.; AKSU H.; ESER E. Factors Affecting Quality of Life of Caregivers of Children Diagnosed With Autism Spectrum Disorder. *Indian J Psychiatry*. 2018 J.

SANCHACK, K. E.; THOMAS C. A. Autism Spectrum Disorder: Primary Care Principles. *Am Fam Physician*. Epub 2016.

SCHLEBUSCH L.; DADA S.; SAMUELS A. E. Family Quality of Life of South African Families Raising Children with Autism Spectrum Disorder. *J. Autism Dev Disord*. 2017

VALICENTI-MCDERMOTT M.; LAWSON K, *et al*. Parental Stress in Families of Children with Autism and Other Developmental Disabilities. *J Child Neurol*. Epub 2015.

14

AUTISTAS EM MOVIMENTO

O presente artigo tem por objetivo demonstrar como pessoas com o Transtorno do Espectro Autista (TEA) podem obter melhor qualidade de vida no que se refere ao desenvolvimento de capacidades comunicativas, aspectos metabólicos, neuromusculares, psicológicos, entre outros, ao aliar a prática de esportes as suas rotinas.

MARIA LUÍSA DE ARAÚJO COSTA

Maria Luísa de Araújo Costa

Contato
psicopluisacosta@gmail.com

(Neuro)psicopedagoga com preparo para estimulação cognitiva de idosos. Especialista em Dislexia e Transtorno do Déficit de Atenção e Hiperatividade – TDAH. Pós-graduanda em Autismo. Sócia-fundadora da empresa Psicocentro+ (Clínica de ponta e referência em tratamento de autismo do litoral Norte gaúcho). Ciclista e corredora.

Transtorno do Espectro Autista

O Transtorno do Espectro Autista (TEA) é um transtorno do neurodesenvolvimento, com grande índice em todo o mundo. Algumas características de pessoas com TEA são: necessidade de organização, padrões repetitivos, rotina regrada, estereotipias, interesses específicos, dificuldade de relacionamento com outras pessoas, alterações na linguagem verbal e não verbal, hipersensibilidade (como aversão a sons altos, por exemplo), hiposensibilidade etc. Alguns autistas podem ter comportamentos autolesivos, entre outros. Porém, é de grande valia salientar que nem todas as pessoas com TEA terão tais particularidades. (RODRIGUEZ et al., 2018 & Campos, 2019).

Braga (2021) salienta que o autismo é um modo subjetivo de funcionamento do cérebro, não pode ser considerado doença; assim, não há cura, apenas tratamento psicoeducacional e medicamentoso – para um dia a dia mais funcional e com qualidade de vida.

Alguns indivíduos dentro do espectro podem apresentar Quociente de Inteligência (QI) acima da média; também podem ter comorbidade com outras condições, como Deficiência Intelectual (DI), Déficit de Atenção e Hiperatividade (TDAH), Transtorno Opositor Desafiante (TOD) – na infância etc. (SCHLIEMANN, 2013).

Contudo, se olharmos para as pessoas com autismo e enxergarmos apenas os sintomas vamos correr um grande risco. Kortmann (2021) destaca:

> Mas se buscarmos de forma sistêmica entender a desconexão do sujeito psíquico da pessoa com TEA, em suas maneiras bizarras de comunicar, encontraremos frestas e janelas de entrada que nos possibilitarão desbravar em busca de seu olhar, para que possamos ajudá-los a desenrolar o emaranhado dos seus fios e possibilitar-lhes mostrar a beleza de suas histórias singulares.
> (KORTMANN, 2021, p. 92).

Importância da prática da atividade física para a pessoa com TEA

A prática de exercícios físicos auxilia no desenvolvimento da capacidade comunicativa do sujeito com TEA, ajuda na diminuição de alguns comportamentos agressivos, além de melhorar a aptidão física, corrobora nos aspectos metabólicos, neuromusculares e psicológicos, melhorando a cognição, auxiliando no desenvolvimento social, melhora a qualidade do sono, melhora a concentração, reduz a ansiedade liberando dopamina e serotonina que possuem efeitos semelhantes a alguns medicamentos (SILVA, et al., 2010). Todavia, ressalta-se a importância do tratamento medicamentoso em diversos casos de pessoas com autismo, sempre com um olhar singular, com um plano terapêutico específico para cada pessoa.

No que diz respeito à adolescência do sujeito com TEA, a atividade física traz benefícios associados à saúde esquelética, ajuda no combate à obesidade e regula a pressão sanguínea. Os ganhos são ainda maiores quando a alimentação é balanceada, pois boa parte dos autistas possuem problemas gastrointestinais, como inflamações no intestino, diminuição da produção de enzimas digestivas etc.

Em relação às barreiras que muitos indivíduos com TEA enfrentam, podem-se destacar: habilidade motora fraca, problemas comportamentais e de aprendizado, exclusão e preconceito da sociedade, dificuldades com habilidades sociais, além de custo-benefício difícil para a implementação de esportes na sua rotina. Apesar de existirem obstáculos, é fundamental que o exercício físico esteja presente de alguma forma no dia a dia da pessoa autista para que tenha melhor desenvolvimento de suas potencialidades e ganhe mais autonomia e confiança em si mesma.

Segundo Clemente et al. (2019), o esporte tem a finalidade de ampliar oportunidades de aprendizados, fazendo com que o sujeito com TEA fique ciente dos princípios formados ao longo da história, englobando aspectos socioculturais por meio da socialização com terceiros, abrangendo a cooperação, dedicação, superação de limites.

Recado aos responsáveis de uma criança e/ou adolescente com TEA

Incentivem os seus filhos, sejam exemplos. Pela prática do esporte, priorizando atividades lúdicas – preferencialmente manuais e sem, necessariamente, o uso das tecnologias, pelo menos sem o excesso delas.

Façam atividade física junto de seus filhos. Eles aprendem com o exemplo de vocês. Além disso, os momentos em família auxiliarão ainda mais os aspectos positivos das diferentes experiências que eles terão.

Os seguintes depoimentos são de pacientes e amigos, porém nem todos possuem o autismo e/ou outras condições.

Obs.: todos os depoimentos tiveram a autorização de seus responsáveis.

Com a bicicleta, eu tive coragem de enfrentar meus medos.
B.O., 9 anos.

> *O esporte pra mim foi muito importante porque fiz vários amigos, ajudou na minha estrutura corporal e fez com que eu diminuísse o videogame. Hoje em dia eu incentivo a todos que pratiquem o esporte.*
> H.S., 16 anos.

> *Jiu-Jitsu é onde esqueço de tudo e encontro a paz com uma sensação de plenitude.*
> M.J.M., 36 anos.

> *O esporte me ajuda na concentração, no equilíbrio e você tem mais contato com outras pessoas.*
> M.L., 13 anos.

> *Gosto de futebol porque jogo com meu pai e é um esporte bem conhecido.*
> V.P., 8 anos.

> *Gosto de queimada porque sou muito bom em agarrar a bola e desviar a bola, porém não sou bom em arremessar a bola, daí arremesso para a colega que é boa nisso, assim, fazemos um trabalho em equipe. Toda a equipe que eu entro, ganha.*
> D.G., 13 anos.

> *Pedalar me enche de energia, pedalar pra mim me dá vida Muito esportiva.*
> A. S. F., 7 anos.

> *Pedalar é estar comigo mesmo, se perder em pensamentos, aproveitar o caminho, é sentir-se livre de corpo e alma.*
> E.L.S.A., 54 anos.

Referências

BRAGA, W. C. *Autismo: um olhar por inteiro – cap. 3 –* "Desvendando o autismo: mitos e verdades". São Paulo: Literare Books International, 2021.

CAMPOS, R. C. de. *Transtorno do Espectro Autista – TEA*. Sessões clínicas em rede. Unimed – Belo Horizonte. Atualização Técnica, 2019. Disponível em: <acoesunimedbh.com.br/sessoesclinicas/wordpress/wp-content/uploads/2019/04/08.05-SessõesClínicas_Espectro-Autista_.pdf>. Acesso em: 07 jul. de 2022.

CLEMENTE, M. C. da S.; LUCENA, E. V. R.; BARBOSA, A. G.; GONÇALVES, J. G.; ANDRADE, J. R. F.; SILVA, G. de S. R.s; BOULITREAU, P. R. P. *Esporte e Autismo: Estratégias para inclusão nas aulas de Educação Física escolar durante o ensino-aprendizagem das modalidades coletivas*. XI CBAMA – Congresso Brasileiro de Atividade Motora Adaptada. Recife/PE, 2019. Disponível em: <https://doity.com.br/media/doity/submissoes/artigo-36886f4d3d037b5087a610e80962c580b10be5af-arquivo.pdf>. Acesso em: 07 jul. de 2022.

KORTMANN, G. M. L. Diário Azul – cap. 22 – *Estimulação precoce em crianças com TEA: desenvolvimento das crianças e psicoeducação dos pais*. 2. ed., 2021.

RODRIGUEZ, R. de C.; NOGUEIRA, M. T. D.; WEINBERGER, A. T.; BILHALVA, C. B.; BUENO, L. R. *Perspectivas para intervenção precoce com crianças que apresentam Transtorno do Espectro Autista*. Práticas de inclusão escolar na educação básica. Pelotas/RS, 2018. Disponível em: <https://wp.ufpel.edu.br/nepca/files/2019/05/PERSPECTIVAS-PARA-INTERVEN%C3%87%C3%83O-PRECOCE-COM-CRIAN%C3%87AS-QUE-APRESENTAM-TEA.pdf>. Acesso em: 08 jul. de 2022.

SILVA, R. S. et al. *Atividade física e qualidade de vida. Ciência & Saúde Coletiva*. v. 15, n. 1, p.115-120, 2010, Pelotas/RS. Disponível em: <https://www.scielo.br/j/csc/a/tz8z48sFy9Nv7vsPQtcfBzj/abstract/?lang=pt>. Acesso em: 07 jul. de 2022.